Heinz Bensberg

Im Mittelpunkt stand das Erz

Heinz Bensberg

Im Mittelpunkt stand das Erz

Im Land der Erzgruben und Eisenhütten

Bloggingbooks

Imprint
Any brand names and product names mentioned in this book are subject to trademark, brand or patent protection and are trademarks or registered trademarks of their respective holders. The use of brand names, product names, common names, trade names, product descriptions etc. even without a particular marking in this work is in no way to be construed to mean that such names may be regarded as unrestricted in respect of trademark and brand protection legislation and could thus be used by anyone.

Cover image: www.ingimage.com

Publisher:
Bloggingbooks
is a trademark of
International Book Market Service Ltd., member of OmniScriptum Publishing Group
17 Meldrum Street, Beau Bassin 71504, Mauritius

Printed at: see last page
ISBN: 978-620-2-47621-8

Inhaltsverzeichnis

Vorwort

Liebe Leserinnen, liebe Leser, was soll man von der emotionalen Stabilität von Menschen halten, die Ihre Vorfahren nicht kennen und nicht verstehen wollen. Ein Mensch, der seine Vorfahren nicht kennt und achtet, bleibt wurzellos und orientierungslos. Ähnlich wie eine Nation, die ihre Vergangenheit verleugnet. Aber wer nicht interessiert, was vor ihm war, der wird auch wenig Verständnis für Generationen aufbringen, die nach ihm kommen.

In meinem fünften Heimatbuch " **Im Mittelpunkt stand das Erz** ," habe ich wieder noch nicht verwendetes Urkunden- und Aktenmaterial aus alter Zeit, aber auch noch nicht vorher in meinen Büchern verwendete Heimatliteratur zu einem neuen Buch zusammen gestellt. Es sind bestimmt Berichte dabei, die Sie nicht kennen und die Ihr Intresse wecken werden. Lesen Sie das Buch bitte nicht fortlaufend wie ein Roman, da jeder Bericht ein Kapitel für sich ist.

Wer kennt z. B. die Geschichte von den Fahnenflüchtigen aus Obersetzen oder wie die Pest im Kirchspiel Krombach wütete. Weiter wird von einem Eisentransport vor langer Zeit, durch Hohwege nach Köln berichtet. Auch ist ein Bericht von dem Johannismarkt vor 550 Jahren in Siegen vorhanden. Des weiteren wird eine Warnung vor einer Heuschreckenplage fürs Siegerland beschrieben. Wussten Sie, dass die Siegerländer im 30-jährigen Krieg auch Rinde und hartes Stroh kauten. Der Auf- und Niedergang der siegerländer Hüttenindustrie sowie die gefährliche Arbeit des Bergmannes werden beschrieben. Warum zogen Siegerländer nach Ostpreußen und wie wurde die alte Burg erobert. Dieses alles und noch vieles mehr können Sie auf leicht verständliche Art und Weise in diesem Buch lesen.

Bei allen, die zum Gelingen von diesem Heimatbuch beigetragen haben, möchte ich mich bedanken. Einen besonderen Dank gilt meinem Sohn, Arno Bensberg, der mich auch bei dieser Literatur unterstützt hat.

Jeder sollte sich getrost wundern und wenn's geht, über die bunte Vielfalt unserer Siegerländer Heimat auch freuen . Möge das Buch auch vielen Siegerländern in der Ferne ein lieber Gruß von daheim sein, ein Bindeglied mit der alten, doch immer unverlierbaren Heimat. Ich wünsche mir, dass das vorliegende Heimatbuch Wissen vermittelt und in besinnlichen Stunden auch Freude bereitet.

Glück Auf
Ihr Heinz Bensberg
Dahlbruch, Dezember 2018

1. Das Erz war der Mittelpunkt

Der Auf- und Niedergang der Siegerländer Hüttenindustrie

Über Jahrhunderte waren Erz, Holzkohle und Wasser die wichtigsten Produkte für die eisenschaffende Industrie im Siegerland. Mit Eröffnung der beiden Hauptschienenstränge von Rhein und Ruhr ins Siegerland erreichten die Hütten eine neue Blütenzeit und die uralte Verbindung zwischen Eisenerz und Holzkohle wurde immer mehr gelöst. (1) Schnell passten sich die Siegerländer Eisenköche den neuen Gegebenheiten an. Die über Jahrhunderte wohl gehütete Hütten- und Hammerordnung wurde innerhalb kurzer Zeit überholt. Übrigens war der Eisenguss im Siegerland aus dem Guss von Geschütze, Kugeln, Öfen- und Grabplatten entstanden. (2) Mit dem Koks, der nun ins Siegerland gebracht wurde, schossen neue Hochofenwerke aus dem Boden.

So die Kreuztaler- und die Rolandshütte 1867, die Friedrichshütte 1871, das Geisweider Eisenwerk 1872, die Bremer Hütte 1873, die Alfred- , die Johannes- und die Eisener Hütte 1875, die Marienhütte 1876 und die Brachbacher Hütte 1883. Im Wirtschaftsraum des Siegerlandes verzehnfachte sich hierdurch die Roheisenerzeugung. Im Kreuztaler Hochofen wurde im ersten Jahr 9 387 Tonnen reines Siegeleisen mit Koks gewonnen. Es hatte einen hohen Mangan gehalt von 6 bis 25%. (3) Übrigens war die Charlottenhütte in Niederschelden die erste größere Hütte im Siegerland, die nur Koks verwendete. (4)

Mit Gründung des Cöln-Müsener Bergwerks-Aktienverein im Jahre 1856 floss erstmals im großen Umfang Fremdkapital in die Siegerländer Wirtschaft. Der Verein war die erste Kapitalgesellschaft im Siegerland. (5) Den Siegerländer Gewerken gefiel dieses überhaupt nicht und sie verlangten, dass die Vorstandssitzungen in Müsen oder Siegen sattfinden sollten. Der Verein wurde 1916 infolge der Verschmelzung mit der Aktiengesellschaft Charlottenhütte Niederschelden aufgelöst. Trotz der Blüte der Siegerländer Eisen- und Stahlindustrie war ihr Kapital bereits weitgehend in die Ruhrindustrie gelangt. Die riesigen Eisen- und Stahlküchen im Pott setzten die heimischen Hütten immer weiter unter Druck.

Die Eisenbahn fuhr nicht nur den gewaltigen Aufschwung ins Siegerland, sondern brachte auch die Konkurrenz ins Land. Wegen der billigen Zuführung des hiesigen Eisenerzes durch die Bahn konnte die Ruhrindustrie auch Qualitätseisen herstellen. Die immer größer werdende Ruhrindustrie wurde zum schärfsten Rivalen für die Siegerländer. Aber schon lange zuvor hatten die Siegerländer den Produktionswettlauf gegen die Giganten aus dem Ruhrpott verloren. So erzeugten

1820 die Siegerländer Hochöfen 6.900 Tonnen Roheisen, während die Betriebe zwischen Emscher und Ruhr es auf 2.314 Tonnen brachten. 1856 erzeugte das Ruhrgebiet schon 122.237 Tonnen, das Siegerland dagegen nur 30.900 Tonnen. (6)

Bereits 1847 versuchte die Trupbacher Hütte im Siegerland einen Hochofen nur mit Steinkohle zu betreiben. Dieser bedeutende vorausschauende Produktionswandel im Alchetal musste schon nach kurzer Zeit eingestellt werden. Der Grund hierfür waren die noch unzugänglichen Transportmöglichkeiten.

Der erste Siemens-Martin-Ofen wurde 1889 in den Geisweider Eisenwerken in Betrieb genommen. Es war der Anfang einer neuen Grundstoffindustrie. In der Bremer- und Scharlottenhütte wurden weitere Siemens-Martin-Öfen gebaut. Damit hörten die Puddelwerke endgültig der Vergangenheit an.

Um 1910 wurden auf der ganzen Erde etwa 70 Millionen Tonnen Roheisen erzeugt. Dieses hätte man als Band von 1 Meter Breite und 23 cm Dicke rund um den Erdball legen können. 1 % von dieser großen Menge wurde in unserem kleinen Siegerland hergestellt. (7)

Bereits kurz nach 1900 begannen die Schwierigkeiten bei der heimischen Industrie. Aber im ersten Weltkrieg hatten die Betriebe keine Absatzsorgen, denn für die Rüstung wurde das Material verwendet. In den zwanziger Jahren vollzog sich dagegen ein struktureller Wandel in der Siegerländer Industrie. Die Ruhrindustrie zeigte kein Interesse mehr an dem Siegerländer Erz. Man suchte nach Quotenkäufen um ihre günstigen Standorte mit den mächtigen Anlagen besser und somit billiger zu nutzen.

Somit begann das große Siegerländer Hüttensterben. Das erste Opfer war die Scheldener Hütte. Sie war nach einer Erneuerung gerade erst sechs Wochen wieder in Betrieb. Die Hattinger Heinrichshütte erwarb ihre Quoten und legte das Hochofenwerk umgehend still. Die Rolandshütte 1924, die Marienhütte 1925, die Kreuztaler Hütte 1926, die Gosenbacher Hütte 1927, die Eisener Hütte 1928 und die Bremer Hütte 1930 mussten diesen bitteren Weg auch gehen. Die Arbeitslosenquote stieg gewaltig. Im Arbeitsamtsbezirk Siegen hatte man über 22.000 Arbeitslose. (8)

Eine Sonderstellung in der eisenschaffenden Industrie im Siegerland nahmen die Jahrhunderte alten Kleinbetriebe ein. Sie konnten auf Kundenwünsche eingehen und auch kleine Mengen nach ihren Wünschen herstellen. So erlangte das nickelchromlegierte Roheisen was nur von der Niederdreisbacher Hütte hergestellt wurde Weltruf. So wie dieses von Dr. Hermann Thaler entwickelte, hatten auch andere bedeutende Verfahren in der Schmelztechnik ihren Start im Siegerland. Oder die in Kreuztal von Dr. Ernst Menne erfundene Sauerstofflanze, die bald danach an allen Hochöfen in der Welt eingeführt wurde. Für die autogene Schweißtechnik war diese Erfindung bahnbrechend.

Der damals schon mächtige Friedrich Flick sah eine durchaus realistische Überlebenschance für die Siegerländer Grundstoffindustrie. Er wollte die großen Werke zusammenlegen und sie zur Umstellung von der Masse zur Qualität bewegen, was Jahre später zum Teil mit Erfolg geschehen war. An diesen zukunftweisenden Plänen scheiterte Flick am Wiederstand, den man ihm aus persönlichen Gründen entgegen gesetzt hatte.

Die Gebrüder Klein Dahlbruch, die Vorläufer der heutigen Siemag, wollte 1927 die Demag erwerben und den Betrieb komplett einstellen. (9) Die größte Konkurrenz der Demag waren seinerzeit nämlich die Gebr. Klein. Glücklicherweise haben Weisses dank Friedrich Flick, der sich seinerzeit um die Siegerländer Arbeitsplätze Sorgen gemacht haben sollte, den Betrieb erwerben können.

Von Interesse waren bestimmt noch die verschiedenen Standorte der Hochöfen und warum hatte man diese Orte gewählt. (10) Da waren als erstes die Rennöfen, wovon es viele im Siegerland gab. Sie standen an den Bergeshöhen, wo Erz gewonnen wurde und es Holzkohle und Wind gab. Dann baute man die Hochöfen an den Bächen im Siegerland um die kostenlose Wasserkraft zu nutzen. Denn das Wasserrad hatte in der Zwischenzeit Einzug gehalten. Man verkraftete den Transport von Erz und Holzkohle locker. Der dritte Standort war da, wo die Koksgewinnung zu Hause war, im Ruhrgebiet und das Siegerland musste langsam von der uralten Tradition Abschied nehmen. Da das Erz zum großen Teil später mit Schiffen herbeigebracht wurde, war der vierte Standort deswegen an den Küsten, so zu Beispiel in Deutschland, Holland und Spanien. Da die Energie das teuerste seinerzeit war und Öl hiervon das billigste, wurden als fünften Standort auch Hochöfen in den Ölförderstaaten bebaut.

Nach Ende des zweiten Weltkrieges kam die Neuordnung der Montanindustrie und die Rationalisierung wurde fortgesetzt. Die Siegerländer waren quasi gezwungen, bei sinkenden Erlösen, ihre Anlagen stillzulegen oder sich auf dem Veredelungssektor umzusehen. Anfang der 1950 er Jahre wurden ¾ des SIegerländer Rostspates im Ruhrpott verarbeitet. Den Rest verarbeiteten 9 Siegerländer Hütten, davon 6 kleine Hütten. Sie erzeugten mit dem sogenannten kalten Wind von 400 bis 500 Grad Siegerländer Spezialroheisen. Es wurde für den Walzenguss und hochwertigen Maschinenteilen verwendet. (11)

Mit dem Aufblühen der Elektroöfen in den Gießereien schrumpften die Absatzmöglichkeiten weiter. Denn mit dem Einsatz von billigem Schrott und dem Zusatz von Ferromangan und Ferrosilizium konnten die Gießereien in den Elektroöfen Gusseisen herstellen. Aber auch die Standort günstige Duisburger Kupferhütte, die sich die Siegerländer Erzeugnisquoten gesichert hatte, war an dem aus der Siegerländer Kleinhütten beteiligt. Mit Stilllegung der Birlenbacher Hütte 1971 und der Eiserfelder Hütte 1972 floss das letzte Roheisen aus einem Siegerländer Hochofen. (12)

Literaturnachweis:

(1) Th. Kraus : Das Siegerland ein Industriegebiet ....
(2) P. Fickeler : Festbuch Achenbach Buschhütten.
(3) Hermann Engelbert : Hinterhüttische Chronik
(4) Horst Gamann : Die Herstellung von Roheisen.
(5) Horst Günther Koch : Bevor die Lichter erloschen.
(6) Horst Koch : Siegerländer Hochofenwerke im Kampf.......
(7) Heinrich Gamann : Die Herstellung von Roheisen.
(8) Horst Koch : Der Strom des Eisens und seine Geschichte
(9) H. Bensberg : Vom Handwerksbetrieb Weiss zum Weltmarktführer .....
(10) Heinrich Weiss : Vortrag auf einer Betriebsversammlung
(11) Paul Fickeler : Das Siegerland
(12) Horst G. Koch : Eiserfeld im grünen Kranz der Berge

Schwer und gefährlich war die Arbeit des Bergmannes

Etwa vor zweieinhalbtausend Jahren begann man im Siegerland Erz zu schürfen. Hierzu hatte die Erde Millionen Jahre benötigt um dieses im Siegerland auszubreiten. Das Erz wurde zum Schicksal und Wohl unseres Siegerlandes was außer einem steinigen, festen ja unfruchtbaren Boden sonst nichts hatte. Ohne den Schatz in der Tiefe wäre es nie so lebensfähig geworden wie es heute ist. Es hätte auch nie so ein Selbstbewusstsein gegeben, wenn nicht wirtschaftliche Unternehmen unter den harten Bedingungen vor Ort Land und Leute geprägt hätten.

Das Eisenerz war seit der La-Tene-Zeit bis zum 20. Jahrhundert die Grundlage einer regen Eisenindustrie im Siegerland. Es war sehr harte Arbeit aber durch die Erfindung des Schießpulvers im 15. Jahrhundert wurde der Abbau erleichtert. Auch die Wasserkraft wurde zum Bewegen von Lasten und zum Heben von Grubenwasser genutzt.

Sie gingen, wenn möglich in Gruppen zur Schicht. Manche wanderten jeden Tag zweimal Wege über eine Stunde. Die älteren Bergleute hatten einen „Krückstock“ in der Hand und den „Dungesack“ und das Kaffeeblech über der Schulter hängen. Ihre Schuhe waren aus derbem Rindsleder und mit Nägeln beschlagen. Für nette Unterhaltung sorgte immer einer. Manchmal trugen sie in der Hand oder auf dem Rücken auch große Kornhalme. Diese wurden mit Pulver gefüllt und dienten als Zündschnur bei den Sprengungen.

Im Winter war der Weg besonders schwierig. Es fuhr kein Schneepflug aber die Männer mussten durch den tiefen Schnee. Dann trampelte einer nach dem anderen, wo sie die Wegränder ahnten, schmale Pfade. Kleine Laternen trugen sie morgens und abends an der Brust. Es waren natürlich auch einige unter den Bergleuten, die nach der Schicht kürzer oder länger in einer Wirtschaft am Wege hängen blieben. Sie waren oft Mutterseelen allein in der Nacht. Es machte ihnen nichts, denn zu Schichtbeginn waren sie wieder kreuzfidel zur Stelle.

Auch „dr Hächt“ gehörte zum Bergmann. Sie rauchten Strangtabak von Behrens oder Brill. Der geschnittene Strang wurde in einer „Söjbloos“, die rot oder blau eingefasst war, verwahrt. Ein „Pfifferümmer“ aus Messingdraht wurde sichtbar getragen und baumelte vorne an der Jacke. Wenn auch die meisten Knappen Schwedenhölzchen zum Anstecken nahmen, hantierten einige bärtige Alte aber noch mit Feuerstein und Schwamm. „Hächte“ der Marke „Peter Dorni“ waren beliebt. Das lange Mundstück wurde meist gleich abgebrochen, so dass der Kolben direkt unter der Nase qualmte. So kam der Raucher zweimal zum Genuss des Rauches einmal durch die Nase und durch den Mund. Ein halb Pfund Strang wurde in der Woche verraucht. Auch der schwarze Tabak, der Kautabak wurde verwendet. In den Geschäften war er immer in irdenen Töpfen, damit er nicht austrocknete, aufbewahrt.

War die Schicht zu Ende, war für die Siegerländer Bergleute noch lange nicht Feierabend, denn die meisten hatten zu Hause noch eine kleine Landwirtschaft, die aus Wiese, Feld, Hauberg und Garten bestand. Bevor die Tagesschicht begann, standen sie schon bei Morgengrauen im Frühjahr in den Wiesen und mähten das Gras vor ihrer Schicht. Aber auch wenn sie von der Morgenschicht Heim kamen war lange noch nicht Feierabend. Es gab immer viel Arbeit die erledigt werden musste.

Legendär war die Arbeit der Haldenjungen, die das taube Gestein von den Erzen entfernen mussten. Es gab in den Bergmannsdörfern des Siegerlandes bestimmt nur wenige Familien, die ihre Kinder nicht auf die Halde zum Mitverdienen schickten. Der erste Weg im Leben führte einst zur Grube. Die Arbeit im Bergwerk wurde zum festen Bestandteil über Generationen. Erinnerungen und Lebensberichte jener Männer, die im eigenen oder fremden Land berühmt geworden waren, war die Beschäftigung als Haldenjunge die erste Begegnung mit der rahen Praxis im Eisenland des Siegerlandes. Von Geschenken und Feiern zum 25 jährigen Bergmannsjubiläum hat man damals nichts gehört. Wenn aber ein Haldenjunge von 16 oder 17 Jahren mit Einfahren durfte, war es eine Ehre und es sprach sich im Dorf schnell herum.

Ein treuer Helfer in der Grube war manchmal das Grubenpferd, welches brav im Einsatz war wie anderswo die Grubenlock. Es hatte immer in der Nähe des Schachtes den Stall wo auch eine Wiese vorhanden war. Ein Fuhrmann war der ständige Begleiter während der Schicht. Auch bei der separaten Auf- und Abfahrt im Schacht des Pferdes war er dabei. Seine Kraft diente der Beförderung. Es zog von ganz hinten vier vollbeladene Förderwagen auf schmalem Schienenstrang hinter sich her. Eine Grubenlampe am ersten Wagen spendete dürftiges Licht und zeigte den Weg im Dunkel des Stollens. Nachdem die Wagen entleert waren, ging es etwa 500 m zurück und ein neuer Einsatz des braven Tieres begann.

Verhältnismäßig kurz war das Erdendasein dieser Bergleute. So gab es in Müsen laut Angabe von Becher 1789 bei 120 Haushaltungen 41 Witwen. Die meisten Männer waren aber nicht in der Grube tot geblieben, sondern sie hatten oft einen langsamen Tod, eine Art Auszerrung. Es kam damals schon der Gedanke, dass es sich um eine Staublungenerkrankung handeln müsse. Der Staub, den sie einatmeten, entstand durch das Bohren der Sprenglöcher in den Höhlen. Aber auch nach Grubenbränden, Schacht- oder Stollenbrüchen, Wassereinbrüchen und Schlagwetterexplosionen wurden Bergleute Tod geborgen. Aber auch Haspelknechte, die wohl die schwerste Arbeit im Bergbau verrichteten, sollen schon mal Tod neben ihrer Haspel gelegen haben.

Der größte Feind des Bergmannes war seinerzeit das Wasser. Im Jahre 1755 beendete der Oberbergmeister Johann Heinrich Jung, der Patenonkel des berühmten Jung Stilling, die quälende, handbetriebene Förderhaspel und ersetzte sie durch eine wassergetriebene. Anfang der 1800 Jahre baute man noch kostspielige tiefe Grundstollen, um das Wasser aus den Bergen abzulassen. Somit hatte man das Grundwasser einigermaßen im Griff. Aber die plötzlichen Wassereinbrüche forderten immer wieder Opfer.

„So oft der Bergmann sein Fahrkleid anzieht, zieht er sein Totenkleid an. Sein Licht leuchtet ihm nicht zum Leben, sondern zum Sterben.“ Diese Worte sprach Inspektor Pfarrer Dr. Heinrich Adolf Achenbach (1765 – 1819) am offenen Grabe eines Bergmannes. Es war eines von zahlreichen schmerzlichen Ereignissen eines allzu frühen Todes, zu denen der Freund des Bergbaues und der Heimat Trost und Zuspruch gab.

Es gab Gruben im Siegerland, die an Alter und Würdigkeit sich mit mancher Burg hätten messen können. Gewiss ist es im Dunkel der Erde, wo der Bergmann im Angesicht des Todes unter dem Hangenden arbeitete, heldenhafter zugegangen, als hinter der Mauer so mancher Ritterburg. Bergrat Prof. H. Quiring schrieb 1930 kein Erzgebiet der Erde könne auf eine ebenso lange lückenlose bergmännische Tradition zurückblicken wie das Siegerland.

Literaturnachweis:

Alfred Fischbach : Als sie noch in die Tiefe fuhren
Horst Günther Koch : Bevor die Lichter erloschen
Wolfgang Kraus : Der Müsener Bergbau
Adolf Wurmbach : Auf stillen Pfaden.
Helmut G. Vitt : Der Stahl der Weltgeschichte machte
Siegener Zeitung : Schimmel . . . hü – in 800 Meter Tiefe

Zur Verhüttung von Eisenerz wurde Holzkohle benötigt

Eine der ältesten Montanregionen in Europa war das Siegerland, was in seiner über 2500 Jahren Erzgewinnung zu Recht den Namen Eisenland trug. Zu jener

Zeit mussten die keltischen Hüttenleute schon Holzkohle brennen und das Erz in Schmelzöfen erhitzen um es von dem Gestein zu trennen. Man benötigte hierbei etwa 1000 Grad Celsius, was mit einem normalen Holzfeuer nicht möglich war. Dazu wurde Holzkohle benötigt und die Methode sie zu gewinnen kam aus dem Altertum. Es geschah durch den sogenannten Meilerbetrieb wie er viele Jahrhunderte im Siegerland angewendet wurde. Die Herstellung von Holzkohle steigerte im Siegerland den Verbrauch an Holz immens. Statt der bisherigen Hochwälder aus Buche wuchsen nun durch die Haubergsordnung Eichen und Birken aus Stockausschlägen.

Von den Köhlern war im Gegensatz zu dem Bergmann kaum noch die Rede. Aber die Arbeit der Köhler war seinerzeit genauso wichtig wie die des Bergmanns. Denn ohne diese Arbeit hätte man kein Erz schmelzen können. Nur durch die Holzkohle ließ sich blankes Metall aus dem Gestein der Siegerländer Berge gewinnen. Erst durch die Holzkohle wurde das an Bodenschätzen reiche Siegerland zum Eisenland.

Überall gibt es heute noch im Siegerland Straßen und Wege, die wegen dem Köhlerhandwerk ernannt wurden. So bekam schon 1404 die heutige Kohlbettstraße in Siegen ihren Namen. Hier müssen einst große Kohlenlager gewesen sein. Sie lagen seinerzeit am Außenrand der Stadt. 1550 wurde die Einrichtung einer „Kohlenmeisterey in Siegen" als Liefer- und Abrechnungsstelle dokumentiert. Aus einer Verordnung zum Schutz des Waldes dem Erzbergbau sowie dem Eisen- und Holzkohlenhandel vom 18.8.1586 ging hervor, dass niemand die Kohle beim Köhler abholen durfte, sondern er musste sie selber zum Verbraucher fahren.

Viele Jahrhunderte war das Köhlerhandwerk im Siegerland ein fester Bestandteil. Es gab sogar sogenannte Köhlerdörfer, die man heute noch an überwucherten Meilerstellen in waldreicher Umgebung findet. 1684 wurde sogar eine Köhlerzunft gegründet um sich gemeinsam besser behaupten zu können. Ihre Lade hatten sie in der Hilchenbacher Kirche stehen. Laut einer Kreisstatistik von 1817 wurden in Netphen/Irmgarteichen 300, in Hilchenbach 149, in Freudenberg 75 und in Wilnsdorf 40 Köhler angegeben.

In einem günstigen Wald an einen Fahrweg gelegen mit Wasser in der Nähe errichtete der Köhler seinen Meiler. Die runde Kohlengrube von etwa 7 m Durchmesser wurde geebnet. In der Mitte wurde senkrecht die Meilerstange aufgestellt, die mit Reisig umbunden war. Holzstangen von 1m Läge, die aus dem Hauberg waren, schichtete er nun ganz eng um die Meilerstange. Über den so entstandenen Kegelstumpf schichtete er eine Haube aus kürzeren Holzknüppeln. Der Meiler erreichte eine Höhe bis 3 m. Einen solchen Meiler aufzubauen verlangte enorm viel Geschick und Erfahrung.

Das Holz wurde rund herum eng aufgeschichtet. Es wurden mehrere Lagen Meterscheite gestapelt. Der Meiler bestand aus drei Schichten, hatte ca. 35 Raummeter und war ca. 3 m hoch. Das Holz wurde so aufgeschichtet, dass die Flanken des Meilers nicht zu steil wurden. Danach wurde eine Trennschicht, die „Hecke“, aufgebracht. Es wurde neben Grasschnitt auch Stroh, Tannenreisig und Laub dazu verwendet. Diese Schicht war ca. 5-8 cm dick. Danach wurde eine ca. 10 cm dicke Schicht aus Erde aufgebracht. Diese Erde wurde angefeuchtet, damit sie gut abdichtete und auf der Trennschicht hielt. Das Material für die Erdschicht nannte man „Lösche“. Sie bestand aus Erde, Ruß und kleinen Holzkohlestücken früherer Meiler. Die Lösche wurde immer feucht gehalten und mit der Schaufel wurde sofort jeder auftretende Riss wieder zugeklopft.

Mit der Meilerleiter wurde der Meiler bestiegen und die Meilerstange wurde nun mit dem umwickelten Reisig nach oben herausgezogen, so dass in der Mitte ein Schacht entstand der „Quandel“ genannt wurde. Mit kurzen, trockenen Kleinholzstücken wurde der Schacht gefüllt. Danach wurde oben drauf glühende Holzkohle gelegt. Nun wurde der Feuerschacht mit Rasen und feuchter Erde sorgfältig abgedeckt. Die Luftzufuhr wurde unter ständiger Beobachtung beschränkt und alle vier bis sechs Stunden, auch nachts, wurden Holzscheite nachgelegt, so dass die Glut von der Mitte nach außen und unten dringen konnte um das Holz zu verkohlen. Der Kamindeckel wurde dabei feucht gehalten, sorgfältig abgenommen und wieder aufgesetzt.

Während der Zeit des Verkohlens schrumpften das Holz und somit auch der Meiler. Es durfte hierbei kein Loch im Mantel des Meilers entstehen. Denn die dort eintretende Luft konnte das Glimmen außer Kontrolle geraten lassen. Ein Feuer konnte hierbei entstehen und alle Arbeit wäre umsonst gewesen. Deswegen blieb der Köhler Tag und Nacht in der Nähe des Meilers. 100 kg Holz ergaben etwa 30 kg Holzkohle je nach Holzart. Die beste Kohle gewann man von harten Laubhölzern wie z. B. Buche und Eiche. Während der 14 tägigen Verkohlungszeit, wobei der brennende Meiler gut überwacht werden musste, baute der Köhler in der Nähe einen zweiten Meiler auf.

Zum Schutz vor Regen und Sonne wurde die sogenannte Köhlerhütte, die „Köthe“ genannt wurde, beim Meiler gebaut. Sie wurde aus langen Holzstangen rund gebaut und oben zusammengeführt. Die Stangen wurden mit Stroh und

Reisig verflochten und mit Rasenstücken verfüllt. Die Eingangsöffnung war immer zum Meiler gerichtet, so dass der Köhler seinen Meiler besonders während der Brennzeit beobachten konnte. Griffbereit stand immer ein gefüllter Wassereimer neben der Köhlerhütte. Das Köhlerleben war von harter Arbeit geprägt. Die karge Kost und der Schlafentzug zehrten an den Kräften des Köhlers.

Vier Tage später stieß der Köhler etwa 1m vom Boden rundherum Löcher in den Meilermantel. An der Farbe des Qualmes, der aus den Löchern kam, konnte der erfahrene Brenner sehen wie weit die Verkohlung des Holzes fortgeschritten war. Die Löcher wurden geschlossen und wieder neue geöffnet, je nach fortschreiten des Brandes. Hierdurch wurde die Sauerstoffzufuhr und somit die Verbrennung des Meilers geregelt. Aus den unteren Löchern kam nach etwa 14 Tagen der Rauch nicht mehr weißgelb sondern blau heraus. Daran erkannte der Kohlenbrenner, dass die Verkohlung abgeschlossen war. Der Meiler wurde nun vorsichtig auseinander genommen, wobei immer Eimer mit Wasser bereit standen, um auftretende Feuer sofort zu löschen. Zum Abkühlen wurde der Holzkohlehaufen auseinander gebreitet.

Der Siegerländer Kohlenbrenner war in die deutsche Literaturgeschichte eingegangen. Er bildete einen großen Teil der ersten deutschen Dorfgeschichte, die 1777 Heinrich Jung-Stilling aus dem Dörfchen Grund bei Hilchenbach unter der Obhut Goethes herausgegeben hatte.

Literaturnachweis:

Alfred Lück : Vom Eisen
Otto Arnold : Siegerländer Arbeitswelt
Köhlergruppe Sprantal : Köhlerei
Daniel Altkemper : Der Köhler im Siegerland
Hans Schubert : Geschichte d. nassauischen Eisenindustrie
825 Jahre Dodenau : Meilerbau
Wilhelm Müller : Von Köhlern,Gerbern, Leimsiedern, Huf- und Hammerschmieden

Eisentransport durch Hohlwege nach Köln

Der sehr lange schneereiche Winter 1331/32 hatte den Transport des Siegerländer Eisens in die Handelsmetropole Köln ein halbes Jahr unterbrochen. Nach den regenreichen Monaten von März und April folgte ein trockener Mai und man konnte hoffen, dass der alte über die Höhen des bergischen Landes führende Hohlweg nach der rheinischen Großstadt wieder für die schweren Eisenkarren fahrbar wäre.

Große Streitigkeiten des Grafen von Nassau, des Siegener Landesherrn, dem Erzbischof von Köln, den Grafen von Berg und dem Edelherrn von Wildenburg, durch deren Gebiete die Straße von Siegen nach Köln führte, waren glücklicherweise gütig beendet. Somit brauchte man keine Angst zu haben, dass die Siegerländer Eisenwaren auf ihrem Weg zum Rhein von missgünstigen Landesherren oder Straßenräubern entwendet wurden.

Zu Beginn des Frühjahrs hatte ein reitender Bote aus Köln dem Siegener Meister der Bruderschaft von der Stahlschmiede ein Schreiben überreicht, welches eine große Bestellung von Sensen, Hufeisen, Nägel und Stahl enthielt. Der reiche Kölner Handelsmann Henrich van Segen war der Absender. Sein Name verriet die Herkunft seiner Vorfahren, die aus dem Siegerland kamen. Er belieferte nicht nur die berühmte Kölner Schwertfegerzunft, sondern auch Geschäftsfreunde in London und Antwerpen mit Siegerländer Eisenwaren.

Der Meister beauftragte seinen erfahrenen Fuhrmann Wilhelm, der schon einige Reisen nach dem heiligen Köln gemacht hatte, mit den Vorbereitungen der Eisenfahrt. Er sollte sechs einachsige Wagen für die Fahrt rüsten und ebenso viele Knechte und zwölf starke Pferde aussuchen. Zweirädrige Karren wurden seinerzeit für solche Transporte verwendet. Nachdem die Wagen, besonders Achsen und Räder, überprüft waren, wurden sie beladen. Auch an die Rückfahrt wurde gedacht. Das Gasthaus „Zum Hirsch" am Markt wollte Feigen, Mandeln, Rosinen, Gewürze und mehrere Fässer Rheinwein haben. Aber auch die Wollweberzunft und andere Zünfte nutzten die günstige Gelegenheit zur Beförderung von Köln nach Siegen.

Für die schweren und weiten Transporte hatte man seinerzeit nur zweirädrige Karren ohne Bremse zur Verfügung. Die mächtigen Räder müssen einen Durchmesser von wenigstens 1,80 m gehabt haben, denn man hatte später 80 cm tiefe Einpfurchungen von Rädern in alten Hohlwegen gefunden. So große Räder liefen auf unebenen Wegen leichter und ruhiger. Auch ihre Achsen ragten noch über den Boden wenn sie tief eingefahren waren. Ging es steil bergab wurde ein

Baumstamm, als Bremse, hinten an die Karre gebunden. Hierdurch lösten sich Erde und Steine, die beim nächsten großen Regenguss hinunter gespült wurden und so den Hohlweg immer tiefer machten.

Bei Dämmerung am frühen Morgen des ersten Junitages startete der Eisenzug in der Bergstadt Siegen. Es war noch dunkel und die hochgibeliegen Fachwerkhäuser der Kölner Straße waren kaum zu erkennen. Als der Wagenzug durch die Kölner Pforte den Siegberg herunter rollte, bekam er noch einen Gruß vom schlaftrunkenden Torwächter zugerufen. Die Wagen rollten über die hochgewölbte Siegbrücke den Weg nach Westen.

Weiter ging der Zug über die neugebaute Alchebrücke an dem Haus der ausgestoßenen Aussätzigen vorbei. Links sah man im Nebel den städtischen Galgen vom Ziegenberg und daneben den Fischbacherberg, während das Wasser der Alche durch das Wiesengelände dahin plätscherte. Um die Pferde zu schonen hatte Wilhelm den Talweg genommen, anstatt über den steilen Fischbacherberg. Bald erklang das Glöckchen von der St. Jostkapelle von Heimbach. An der Vorspannbirke vorbei erreichte man den alten Eisenweg wieder wo nach altem Fuhrmannsbrauch gerastet wurde.

Nach der Rast ging es weiter über den schmalen, tief ausgefahrenen Hohlweg steil bergab. Die sechs Fuhrleute knallten zu Beginn des Weges heftig mit ihren Peitschen, um einen aus dem Tal kommenden Fuhrmann aufmerksam zu machen, dass eine Wagenkolonne komme. Erst als keine Rückantwort kam, gab Wilhelm den Befehl zur Bergabfahrt, wobei er den ersten Wagen begleitete. Erleichtert war er erst als auch der letzte Wagen ohne Achs- und Räderbruch das kleine Dörfchen erreicht hatte. Es ging weiter durch den Hauberg nach Eselsborn, wo Köhler beim Aufschichten der Meiler waren. Die Straße zur Landhecke war durch Wall und Graben sehr eingeengt. Auf Wilhelms lauten Ruf kam der Grenzwächter, der auch Bäumer genannt wurde, aus der Hütte und öffnete den Schlag. Die Hälfte des geplanten Weges für den ersten Tag war erreicht und Wilhelm ordnete eine längere Ruhepause an.

Es ging dann weiter und rechts durch den Wald schimmerte die Fuhrmannsherberge auf dem Hohen Hain, die sehr große Stallungen hatte. Pilger hörte man singen, sie machten eine Wallfahrt zur Mutter Gottes in Römershagen. Im Tal blieb links Friesenhagen liegen und rechts sah man den steilen Felsen der Wildenburg. Der Schlagbaum, den man nun in einer weiteren halben Stunde erreichte, war von zwei Kriegern des Wildenburger Edelherrn besetzt. Als sie einen Blick auf den Geleitbrief des Grafen von Nassau gesehen hatten, gaben sie die Durchfahrt frei.

Der Weg führte wieder bergan zur Wasserscheide zwischen Wiehl und Bröhl. Man war im Land des Grafen von Berg angekommen. Durch Erdingen erreichte man nach dreistündiger Fahrt den vielbesuchten Fuhrmannsort Denklingen, das Ziel des ersten Tages. Es war Abend und auf dem Platz vor der Kirche standen schon mehrere Wagen die vom Rhein gekommen waren. Die Karren der Siegerländer wurden dicht zusammen gestellt. Zwei Knechte übernahmen die Wache der Wagen. In einem geräumigen Stall wurden die Pferde untergestellt. Durch einen Kienspan etwas erhellten Raum ging Wilhelm mit den übrigen herein, wo Fuhrleute mit reitenden Boden des Erzbischofs, in lauter Unterhaltung zusammen saßen. Die Siegerländer wurden herzlich begrüßt und aufgefordert am Tisch Platz zu nehmen.

Knechte von der Denklinger Burg des Grafen von Berg kamen kurz darauf und boten Feierabend. Für das Nachtlager wurden die wenigen Vorbereitungen schnell getroffen. Schemel und Tische wurden beiseite gerückt und die Bänke an der Wand hochgeklappt. Die mitgebrachten Strohsäcke dienten als Kopfkissen und die Männer fielen, trotz des harten Fußbodens, bald in tiefen Schlaf. Sehr früh brach man am anderen Morgen wieder auf. Zuvor hatte man sich durch eine große Schüssel Haferbrei, den man im Haus für einen Heller erwerben konnte, gestärkt.

Overath an der Agger war das Ziel des zweiten Tages. Es wurde nach vier Meilen Fahrt am späten Nachmittag ohne große Ungereimtheiten erreicht. Durch den weiten Königsforst über Altenbrück kam man am nächsten Tag sehr früh nach Köln. Die Eisenwaren wurden noch am selben Tage abgeladen, so dass der vierte Tag für das Beladen der Rückfracht zur Verfügung stand.

Sechs Wagen, 12 Pferde und sieben Personen waren für so einen Eisentransport damals nötig. Heute dagegen fährt ein großer LKW mit einem Fahrer die gesamte Fracht nach Köln. Mit Abladen werden dazu etwa 3 Stunden benötigt wozu man seinerzeit, mit sehr großem Aufwand und viel Personal, 3 Tage brauchte.

Literaturnachweis:

Gen Wiki : Bäumer (Berufsbezeichnung)
Hermann Böttger : Der Eisenfuhrmann
Harry Böseke : Fuhrmannswege, Fuhrmannskneipen, Fuhrmannssprüche

Zünfte, die Förderer des Handwerks

Handwerkerverbände bildeten einst die Zünfte zur Forderung von gemeinsamen Interessen. Für die soziale und wirtschaftliche Entwicklung waren sie in Deutschland von großer Bedeutung. Die ersten Verbindungen dieser Handwerker waren in Deutschland im 12. Jahrhundert. Die Schiffer in Worms im Jahr 1106 und die Schuhmacher in Würzburg im Jahr 1128 waren die ersten Zünfte. Ein gesichertes Dasein für jeden Genossen zu schaffen war der Grundgedanke des Zunftwesens. Unter Aufsicht des Landesherren und später der Städte hielten sich die Zünfte bis ins 19. Jahrhundert.

In vielen Städten sollten seinerzeit die Zünfte auf keinen Fall an die Macht kommen. So wurde 1368 in Aachen der Aufstand der Weber und Walker gegen den Rat niedergeschlagen, wobei die Rädelsführer hingerichtet wurden. Auch 1429 gab es hier ein gewaltsames Vorgehen gegen die Zünfte. Die Anführer der Zunftbewegung wurden wieder hingerichtet. 1437 gab es in Aachen eine erneute Erhebung der Zünfte und 36 Vertreter von ihnen wurden in den Rat aufgenommen. Hierdurch wurde 1450 in einem Gaffelbrief des Rates der Verzicht auf ihre Alleinherrschaft kund getan und die Zunftvertreter durften von dieser Zeit an mit entscheiden.

Im Siegerland begann das Zunftwesen mit der Stahlschmiede. Sie schlossen sich zu einem zunftähnlichen Verband zusammen. Es war zugleich auch eine kirchliche Bruderschaft. Eine Aufzeichnung von ihrem Leben, aus längst vergangenen Tagen gibt heute noch Auskunft. Graf Johann von Nassau erließ 1504 für die Bürger von Siegen von dem Stahlschmiedehandwerk eine Verordnung. Er räumte ihnen das Recht ein, neben ihrem eigenen Zeichen einen Teil des landesherrlichen Wappens, den Querbalken der Grafschaft Vianden, auf ihre Erzeugnisse aufzutragen. Sie verpflichteten sich aber ihr Handwerk niemals außer dem Kreis Siegen auszuüben. 24 Jahre später erhielten die Siegerländer Schmiede, die außerhalb der Stadt Siegen wohnten vom neuen Landesherren, es war Wilhelm der Reiche, das Recht das Löwenzeichen seines Wappens als Siegel mit zu verwenden.

Bruderschaft der Massenbläser und Hammerschmiede nannte sich die Zunft im Siegerland. 1516 erhielten sie einen Zunftbrief woraus hervor ging, dass sie wesentlich älter waren. Schon 1337 erwähnte z. B. eine Urkunde Hartlieb, genannt der (Massen) Bläser. Es wurden nur Männer aufgenommen, die im Siegerland geboren waren. Das Berufsgeheimnis mussten sie unter Eid ablegen, dass das Handwerk nicht außerhalb des Landes betrieben würde. Auf Übertretung dieses Gebotes setzte die Landesregierung 1696 die Todesstrafe.

Die Bedeutung Siegen als Mittelpunkt des gewerblichen und politischen Lebens im Lande Nassau führte damit schon im 14. Jahrhundert zur Bildung von Zünften. Teils weltlich, teils kirchlich waren ihre Satzungen und für das Mittelalter der damaligen Zeit üblich.

Etwa zur gleichen Zeit wie die Schmieden die Zunftrechte bekamen erhielten noch sechs weitere Handwerkszweige im Siegerland die Zunftrechte. Es waren die Schuhmacher mit den Löhern, Wollweber, Fleischhauer, Bäcker, Schneider sowie die Kleinschmieden. Zu den Kleinschmieden gehörten auch noch andere Handwerker nämlich die Maurer, Steindecker, Wagner, Schwertfegern und die Kannengießer. Gegen Ende des 18. Jahrhundert stießen noch weitere Handwerker, die keiner anderen Stadtzunft angehörten, hinzu. Bereits im 16. Jahrhundert gab es eine Bergzunft in der später auch die Fuhrleute, Zimmerleute und Leineweber waren.

Vier Teilnehmer der Zünfte im Stadtregiment, wie es im Mittelalter in vielen Städten der Fall war, waren in Siegen nicht nachzuweisen. Nur in Finanzangelegenheiten hatten später die Siegener Zünfte als gemeine Bürgerschaft mitgewirkt. Die beiden vornehmsten Zünfte in Siegen waren die Stahlschmiede und die Schuhmacher. Die vornehme Stellung der Schuhmacher sicherten wohl in erster Linie die Gerber, die ihr angehörten. Anno 1455 gab es in Siegen 30 Schuhmacher und Gerber. Im selben Jahr hatte die Metzgerzunft 10 Mitglieder. Zünfte begrenzten die Zahl ihrer Mitarbeiter und erzogen ihre Mitglieder zu guten Bürgern. Sie behinderten die freie Entfaltung, gaben aber jedem das Recht der Geborgenheit.

Zur Ausübung ihres Handwerkes wurden den Zünften besondere Straßen angeboten, die ihre Namen von den darin betriebenen Berufen herleiteten. Bereits im 13. Jahrhundert muss der Beruf des Gerbers schon in Siegen bestanden haben. Denn Lohmühlen, die den Gerbstoff, die Eichenrinde zu Lohe mahlten, lassen sich in Siegen nachweisen.

Die Zunft der Loher und Schuhmacher hatten eine führende Rolle und vertraten beim versammelten Magistrat in Siegen alle Zünfte. So kam es im 18. Jahrhundert zu unzähligen Zusammenstößen zwischen dem Siegener Magistrat und den Zünften. Fast jeder Beschluss wurde angegriffen und die Zünfte beschwerten sich bei der Regierung in Dillenburg. Ihre sprichwörtliche Erklärung war, dass sie einen über die Kalteiche schicken wollten.

Überall bildeten sich in Europa im 12. Jahrhundert durch Zusammenschluss von Handwerkern einer Branche, die Zünfte. Sie entstanden gegen den Wiederstand der Patrizier, da sie einen Anteil an der Stadtherrschaft errangen. Sie regelten ihre wirtschaftlichen, sozialen und zum Teil auch kulturellen, religiösen und militärischen Belange in der Zunftordnung, die durch die Landesherren genehmigt war. In der Zunftordnung waren ihre Aufgaben, Rechte und Pflichte festgehalten. Es betraf unter anderem die Ausbildung, das Gesellenwesen sowie die Meisterwerdung, aber auch die Arbeitszeit und die Altersversorgung gehörten dazu. Die Überwachung der Qualität ihrer Produkte war auch darin beschrieben.

In den Quellen des Mittelalters und der frühen Neuzeit wurde der Zusammenschluss von Handwerkern, neben dem heute gängigen Begriff Zunft, auch als Gilde, Gaffel, Bruderschaft, Amt, Einung oder Innung bezeichnet. Es gab seinerzeit kein staatliches Versorgungsnetz, das arme Menschen auffangen würde wie heute. Deswegen kümmerte sich die Zunft um ihre Mitglieder und deren Hinterbliebene. Wenn zum Beispiel ein Handwerker starb, wurden seine Frau und seine Kinder von der Zunft versorgt.

Mit dem Bergischen Gesetz von Großherzogtum vom 31. März 1809 hörten auch im Siegerland auf die Zünfte zu bestehen. Nur die Zunft der Hammerschiede und der Eisenmassenbläser blieb noch bestehen. Ihre Kurbriefe wurden im Jahre 1830 durch die Hütten- und Hammerordnung für das Siegerland aufgehoben. Anstelle der Zünfte traten Hammerschmiede und Massenbläser in eine Korporation. Durch diese Weise blieb für die Siegerländer Eisenindustrie die mittelalterliche Beschränkung der Gewerbefreiheit noch Jahrzehnte bestehen. Dieses war für die Entwicklung nicht von Vorteil. Erst durch die erlassene Gewerbeordnung vom Norddeutschen Bund 1873 wurden diese Bestimmungen von 1830 vom Siegerland außer Kraft gesetzt.

Literaturnachweis:

H. Plisch : Aus Siegen frühesten Tagen.
1976 : Knaurs Lexikon
Siegener Zeitung 1973 : Als noch die Zünfte an der Macht waren.
Heinrich v. Achenbach : Aus der Siegerländer Vergangenheit
Herrmann Böttger : Der mittelalterliche Waldschmied des Siegerlandes und sein Name
Alfred Lück : Das Eisen
1969 : Der Volksbrockhaus
Paul Wietzoreck : Das historische Aachen

2. Auch so war es einmal im Siegerland

Bedeutung und Herkunft von Redewendungen

Ein Schlitzohr sein ist ein gerissener, schlauer, gewiefter, durchtriebener, listiger Mensch. Das Wort Schlitzohr wurde seit dem 19. Jahrhundert verbreitet. Zimmerleute oder Handwerker, die auf Wanderschaft waren, trugen einen goldenen Ohrring mit dem Wappen ihrer Zunft. Dieser war der einzig angesparte Reichtum, diente als Notgroschen sowie als Gewähr für ein Begräbnis. Ließ sich ein Geselle etwas zu Schulden kommen oder wurde sogar straffällig, rissen seine Kameraden ihm den Ohrring heraus, machten ihn so zum Schlitzohr und spätere Arbeitgeber und Meister waren gewarnt.

Alles in Butter – alles ist in Ordnung, keine Probleme. Diese Redewendung stammt aus dem Mittelalter. Damals wurden über die Alpen von Italien nach Deutschland teure Gläser transportiert. Damit sie bei dem Transport nicht ständig zu Bruch gingen, hatte schließlich ein Händler den rettenden Einfall, die Gläser in Fässer zu legen und flüssige Butter darüber zu gießen. Damit waren die Gläser sicher verpackt, als die Butter abgekühlt und fest geworden war. Jetzt konnte bei dem Gerümpel auf dem Wagen nichts mehr passieren. Fiel dann doch mal ein Fass von der Kutsche, blieben die Gläser darin heil. Dieses Prinzip wendete auch der Adel an. Wenn dieser von Hofsitz zu Hofsitz zog, musste immer der ganze Hausrat mit und die wertvollen Porzellane und Gläser wurden in Butter eingelassen. Am Ziel angekommen, war die erste Frage, ist noch alles in Butter?

Auf den Hund gekommen – gesundheitlich oder wirtschaftlich ruiniert sein, sozial oder moralisch absteigen, in schlechte Verhältnisse geraten. Die Herkunft der Redewendung ist nicht belegt. Eine Deutung besagt, dass es mittelalterliche Sitte war, den Boden von Schatz-truhen mit dem Bild eines Hundes zu versehen, der symbolisch das Geld vor Dieben schützen und gleichzeitig den Schatzmeister zur Sparsamkeit bewegen sollte. Wenn man also den Hund sah, bedeutete dies, dass kein Geld mehr da war – man war buchstäblich auf den Hund gekommen.

Eine andere Erklärung gibt an, dass verarmte Bauern Hunde als Zugtiere gebrauchten. Wenn sie sich also keinen Pferdewagen und auch kein Eselskarren mehr leisten konnten, waren sie finanziell ganz am Ende.

Früher war in Bergwerken das Wegschaffen von Erd- und Gesteinsmassen mit die niedrigste Arbeit. Die Bergleute, die den Hund fuhren, es war der Karren zum transportieren, bekamen als unterste Klasse mit den geringsten Lohn. Wenn ein höher verdienender Bergmann sich eines Vergehens schuldig machte, musste er den Hund fahren – er war auf den Hund gekommen.

Bei jemandem ist Hopfen und Malz verloren – oder es ist alle Mühe vergebens, es ist keine Besserung der Lage zu erwarten, jemandem ist nicht zu helfen, jemand ist unverbesserlich, etwas ist nicht reparierbar, nicht zu retten. Diese Redewendung stammt aus der Bierbrauerei. Früher brauten die Hausfrauen das Bier noch zu Hause, Hopfen und Malz waren die beiden wichtigsten Zutaten dafür. Ging beim Brauen etwas schief, dann waren die Zutaten dahin, Hopfen und Malz waren verloren und es ließ sich daraus trotz aller Mühen kein gutes Bier mehr brauen.

Alle Wege führen nach Rom – mehrere Lösungsmöglichkeiten für ein Problem, mehrere Wege, um zum Ziel zu kommen. Die Herkunft dieser Redewendung ist nicht sicher belegt. Man vermutet aber, dass der Ursprung darin liegt, dass in der Antike Rom das politische, wirtschaftliche und kulturelle Zentrum war. Darüber hinaus hatte Kaiser Augustus im Jahre 20 v. Chr. auf dem Forum Romanum eine vergoldete Säule aufgestellt, auf der die Namen aller Hauptstädte der Provinzen des Römischen Reiches mit ihrer Entfernung zu Rom aufgeführt waren. So mag für den Betrachter der Säule der Eindruck entstanden sein, alle Wege führten nach Rom.

Ein Brett vor dem Kopf haben – etwas nicht verstehen oder begreifen, nicht einsehen wollen, begriffsstutzig sein, etwas Offensichtliches nicht erkennen. Diese Redewendung stammt aus der früheren Landwirtschaft. Man hatte den als dumm geltenden, störrischen Ochsen ein Brett vor die Augen gebunden, so konnten die Bauern leichter mit ihm arbeiten und er erschreckte sich nicht, wenn ihm zum Beispiel das Geschirr umgehängt wurde.

Seinen Senf dazugeben – ungefragt seine Meinung äußern, sich ungefragt in ein Gespräch einmischen. Diese Redewendung stammt aus dem 17. Jahrhundert. Damals war Senf sehr wertvoll und war bei einem Essen Senf dabei, galt es als ein besonderes Essen. Deshalb gaben manche Wirte zu jedem Essen ein ganz wenig Senf dazu, um es so den Gästen gegenüber attraktiver und kostbarer zu präsentieren. Nur passte der Senf gar nicht zu jedem Essen und so wie dann der Senf immer ungefragt zum Essen serviert wurde, verhält es sich mit Menschen, die ihre Meinung kundtun, obwohl diese gar keiner hören möchte. Dann gibt er seinen Senf dazu.

Etwas an die große Glocke hängen – etwas öffentlich machen, auch etwas breit treten, etwas herumerzählen, indiskret sein. Als es noch keine modernen

Kommunikationswege gab, diente die Glocke der Kirche gerade den Menschen in ländlicheren Gebieten als Ruf, dass es Neues gab. Die Glocke war weithin hörbar und die Menschen wussten, dass etwas Wichtiges und Bedeutendes zu erfahren war. Im Mittelalter rief die Kirchenglocke auch zu Gerichtsverhandlungen, bei denen dann oft private Fehden ausgebreitet, ausgetragen und auch aufgebauscht wurden. Hängt man heute also buchstäblich was an die große Glocke, macht man etwas in vollem Bewusstsein und in großem Stil öffentlich.

Den Löffel abgeben Die Redewendung den Löffel abgeben wird in der Regel benutzt, um auszudrücken, dass jemand stirbt oder gestorben ist. Die unverzichtbare Tätigkeit des Essens steht bei dieser Redewendung Pate, mitsamt der Tatsache, dass im Mittelalter und früher Neuzeit das Armeleuteessen üblicherweise ein Brei in einer Schüssel der für alle mitten des Tischs stand, wofür ein jeder seinen eigenen Löffel parat hatte. Diesen höchsteigenen, nicht selten selbstgeschnitzten, Löffel wegzulegen, ist dabei gleichbedeutend mit dem Ende des Lebens.

Im Schwarzwald, wo ein Löffel als individueller Gegenstand angesehen werden konnte, gab es die Tradition, einen Löffel nach dem Tod des Besitzers nicht weiterzugeben, sondern an die Wand des Bauernhauses zu hängen. Den Knechten dagegen wurde nicht selten vom Bauern ein Löffel zur Verfügung gestellt, den sie abgeben mussten, wenn sie weiterzogen oder der weiterverwendet wurde, wenn sie starben.

Halt die Klappe. Der Ausspruch stammt aus dem frommen Mittelalter. Er geht darauf zurück, dass im Chorgestühl von Klöstern und Kirchen Klappsitze angebracht waren, die möglichst geräuschlos heruntergeklappt werden sollten. Wer die Klappe beim Aufstehen fallen ließ, zog sich durch den mächtig entstehenden Krach den Zorn der kirchlichen Würdenträger zu. Sie tadelten den armen Sünder mit den Worten, halt die Klappe!

Danach kräht kein Hahn – das interessiert niemanden, etwas ist nicht so interessant, um darüber zu reden, ohne Bedeutung. Die Redewendung wird seit dem 15. Jahrhundert verwendet. Vermutlich stammt sie aus dem Neuen Testament, worin in einer Erzählung der Apostel Petrus seine Zugehörigkeit zu Jesus dreimal leugnet. Nach jedem Verrat folgt das Krähen eines Hahnes. Im Umkehrschluss wird danach kräht kein Hahn mehr sprachlich gebraucht. Hat eine Sache oder eine Person keine Bedeutung, kräht ihr auch kein Hahn hinterher.

Kirche im Dorf lassen – etwas nicht übertreiben, auf dem Boden der Tatsachen bleiben, Ausspruch bei Unsachlichkeit. Die Herkunft lässt sich kaum durch Quellen belegen. Allerdings sagt man über die Herkunft dieser Redewendung folgendes. Früher bildete die Kirche den Mittelpunkt des Dorfes. Alle Häuser wurden um die Kirche herum gebaut und sie war der Treffpunkt für alle Gläubigen. Die katholische Kirche führte regelmäßig Prozessionen durch in Form eines religiösen Zuges durch das Dorf mit dem Priester und Messdienern an der Spitze, die Einwohner des Dorfes dahinter. War das Dorf für die Menge der Menschen zu klein, ging man um das ganze Dorf herum. Dies war aber von den Nachbarn gar nicht gern gesehen und wenn sie sagten lasst mal die Kirche im Dorf, meinten sie, übertreibt mal nicht, bleibt innerhalb eurer Dorfgrenzen.

Perlen vor die Säue werfen – etwas sinnlos vergeuden, jemandem etwas geben oder zubilligen, was eigentlich viel zu gut für ihn ist. Wertvolle Dinge oder besondere Vorrechte denen anbieten, die unfähig sind, sie zu schätzen. Die Redewendung stammt aus der Bibel: *„Ihr sollt das Heilige nicht den Hunden geben, und eure Perlen sollt ihr nicht vor die Säue werfen."* Aber warum gerade Säue? Warum ausgerechnet Perlen? Hunde und Schweine müssen als Sinnbild des Niederen und Unwürdigen herhalten, weil diese Tiere im jüdischen Glauben, in dem ja das Christentum verwurzelt ist, als unrein und Symbol des Heidnischen gelten. Die Perlen wurden auserwählt, weil sie schon immer für Reinheit, Schönheit und Reichtum stehen.

Von etwas Wind bekommen – etwas erfahren, hören, vernehmen, mitbekommen. Vermutlich entwickelte sich diese Redewendung aus der Jägersprache. Beim Jagen ist Wind ungünstig, denn er transportiert Gerüche von Menschen und anderen Lebewesen. Wenn Tiere wie Wildschweine oder Rehe sie wittern, sind sie gewarnt und flüchten. Bei Wind haben es die Jäger demnach schwer, erfolgreich und unbemerkt zu jagen. Bekommt man heute also von etwas Wind, hat man etwas erfahren, was eigentlich geheim bleiben sollte.

Ein Bäuerchen machen – meist bei Babys aufstoßen, rülpsen. Diese Redensart kommt aus dem Mittelalter, als es noch üblich war, in aller Öffentlichkeit zu schmatzen, rülpsen oder auch einmal einen fahren zu lassen. Martin Luther (1483-1546) sagte einmal: „Warum rülpset und furzet ihr nicht? Hat es euch nicht geschmecket?" Außer für die Babys wurden diese Körpergeräusche zum Tabu. Auch damals schon wusste man, dass für Säuglinge das Rülpsen unerlässlich und wichtig für die Verdauung ist. Außerdem klappt bei Säuglingen das Zusammenspiel von Luft- und Speiseröhre noch nicht fehlerfrei, so dass regelmäßiges Aufstoßen unvermeidbar ist. Um es etwas zu verniedlichen, nannte man die Rülpser der Babys von nun an entschuldigend Bäuerchen, also kleiner Bauer. Denn nur Babys – und rüpelhaftes Bauernpack – dürfen ungestraft in der Öffentlichkeit rülpsen.

Jacke wie Hose sein – egal oder gleichgültig sein, keinen Unterschied machen. Diese umgangssprachliche Redensart wird seit dem 17. Jahrhundert verwendet. Früher war es nicht üblich, Jacken und Hosen aus dem gleichen Stoff, wie bei Anzügen heute üblich, anzufertigen. Doch dann kam dies in Mode und die Schneider bezeichneten diese Neuerung als Jacke wie Hose.

Daumen drücken – jemandem Glück wünschen, jemandem gutes Gelingen bei einer Sache wünschen. Für diese Redensart gibt es zwei mögliche Ursprünge, einmal vom Daumen drücken und Daumen halten. Im alten Rom haben die Gladiatoren, die den Kampf verloren hatten, durch einen gehobenen Zeigefinger das Publikum um Gnade gebeten. Wollte es den Tod des Gladiators, streckte die Menge die Daumen aus. Signalisierte sie die Begnadigung, streckten sie die Faust mit eingezogenem Daumen aus, *drückten* den Daumen also.

Den Daumen *halten* dagegen kommt aus dem deutschen Volks- und Aberglauben. Dort besaß laut Glauben der Daumen die meiste magische Kraft, galt als Glücksfinger und sollte vor bösen Träumen schützen. Der Daumen stand aber auch für das Symbol eines Koboldes und um den Daumen daran zu hindern, die Vorhaben eines anderen Menschen negativ zu beeinflussen, dem man eigentlich Glück wünschte, hielt man den eigenen Daumen, also den Kobold, mit den anderen Fingern fest.

Literaturnachweis:

Angelvs Devil: Halt die Klappe
barcamp rhein-neckar: Den Löffel abgeben
Wikipedia: Auf den Hund gekommen
Geolino: Danach kräht kein Hahn
Google: Sprichwörter und Redewendungen
Schule und Familie: Alles in Butter
GEOlino: Die Kirche im Dorf lassen
Dein-Baby: Bäuerchen machen
Redensarten.net: Perlen vor die Säue werfen

So war es einmal im Siegerland

An kirchlichen Sitten war glücklicherweise noch etwas erhalten geblieben. So wurden die Prozessionen auch heute noch bei den Katholiken auf dem Lande durchgeführt. Es wurden die Häuser, Kirchen sowie die Straßen, wo durchgezogen wurde, mit frischen Maiengrün, jungen Tannenspitzen und Fahnen geschmückt. Man baute Ehrenpforten und Altäre auf den Straßen. Während des Umzuges sangen Gesangvereine und Musikkapellen spielten. Aber auch Böller wurden abgeschossen. Abends vor Allerheiligen brannten die Kerzen auf den Gräbern. Zwischen Gründonnerstag und Ostern läuteten keine Glocken. Dann zogen Jugendliche mit Holzklappern durch die Straßen und riefen Gläubige, wie heute noch im Johannland, zu den Gottesdiensten.

Auch den berühmten Siegerländer Hirten gab es längst nicht mehr. Sofort hinter Pfarrer und Lehrer kommend war sein Ansehen. Er war nicht nur Tier-, sondern auch Menschendoktor. Er besorgte den Kuhhandel und war oft Brautvermittler. Gelang ihm diese Vermittlung, so bekam er vom angehenden Bräutigam oft eine Hose geschenkt. Wenn der neue Hirte zu Martini ins Dorf geholt wurde gab es immer eine große Gaudi. Die Burschen zogen sich die Schellenbügel der Kühe um und gingen ihm entgegen. Dann ging es in ein Wirtshaus und es wurde tüchtig gezecht. Das Bullenstoßen beim ersten Austrieb, was viele Zuschauer aus Nah und Fern anlockte, ist auch längst auf der Strecke geblieben.

Der Brauch vom Osterrad war als letztes noch im oberen Siegtal zu Hause. Ein Wagenrad wurde tüchtig mit Stroh umwickelt, angesteckt und mit einer durchsteckten Stange in Bewegung gesetzt. Es rollte brennend den Berg hinab während das Volk unten zuschaute. Am 18. Oktober wurde in der Hilchenbacher Gegend das Oktoberfeuer entzündet was an die Völkerschlacht von Leipzig erinnern sollte. Das Sedanfeuer brannte dagegen auf den Höhen in den Ämtern Freudenberg und Ferndorf. Das „Märtesfüer“ zündete man in Netphen am Martinstag an und sang dazu zu Ehren des Heiligen, „St. Martin, nimm den Hirtenstab noch einmal wieder in die Hand. O steig vom Himmelsschloß herab und Walle segnend durch das Land." In der Neujahrsnacht sangen die älteren Jungen vor den Häusern einen Choral um eine Gabe zu erhalten.

Bis etwa 1880 war das Spinnrad auf dem Lande noch überall im Gebrauch. Die Mädchen versammelten sich abends mit ihren Spinnrädern reihum in den Häusern. Bald kamen die Burschen dazu und es gab allerlei Neckereien. Wer den Faden verlor, musste ihn mit einem Kuss einlösen. Die Alten aber achteten immer auf Ordnung. Jetzt fand man das Spinnrad und den Webstuhl fast nur noch im

Museum. Auch das zarte Pflänzchen Flachs sah man seit langen nicht mehr auf den Feldern. Bohnenschnippel warf man ungefähr bis 1915 im Weißtal den Junggesellen vor die Haustüre, um ihnen einen zarten Wink zu geben.

Dem Brautpaar wurde am Verlobungstag in den alten Dörfern mit großem Getöse gedeckelt. Mit Peitschen knallen und zusammenschlagen von Blechdeckeln gab es ein ohrenbetäubendes Konzert. Da es keine Pferde- und Kuhanspannungen mehr gab, fehlten nicht nur die Peitschen, sondern auch die jungen Menschen die mit einer Peitsche zu knallen verstanden.

Einer der ältesten christlichen Feiertage ist Maria Lichtmess der 2. Februar. Er erinnert an den Tag an dem Jesus als Kind zum ersten mal in einen Tempel gebracht wurde. Sehr viele Bräuche und Sitten sind mit und um Maria Lichtmess entstanden und gingen zum Teil noch bis in unsere Zeit. Sie alle aufzuzählen würde den Rahmen sprengen. Wer am ersten Mai den Garten noch nicht umgegraben hatte bekam einen Faulbaum gesetzt.

Der uralte Brauch unserer Vorfahren, der sich auf kluge Naturkenntnisse unserer Ahnen aufbaute, Eichen im alten Lichte schlagen, war seit fast 200 Jahren in Vergessenheit geraden. Die Eichen mussten einst für die Zimmereien zur Winterzeit aber im abnehmenden Mond geschlagen werden. Die Balken aus diesen Eichen hielten Jahrhunderte und wurden nicht vom Schwamm und Holzwurm befallen. Sie waren so fest, dass man keinen Nagel hinein schlagen konnte. Diese Eichenbalken waren in den uralten Siegerländer Fachwerkhäuser. Auf einem Haus fand ich den wunderbaren Spruch, der auch für uns Menschen gepasst hätte. Weil jedes Teil das andere stützte konnte ich Jahrhunderte stehen. Wenn jeder so dem Ganzen nützte würde keiner untergehen.

An dem Richtkranz wurde einst neben bunten Bändern auch Pfeifen und Tabak angebunden. Sie waren für den Zimmermann und seine Gesellen bestimmt. Bei dem Klaiben, es war das herstellen des Lehmfachwerkes, brachten Verwandte und Freunde Brot, Butter, Schinken und Wurst herbei. Sie beteiligten sich aber auch an der Arbeit. Mit nackten Füßen wurde der Lehm mit kurzgeschnittenem Stroh gemischt, wobei immer lustige Lieder gesungen wurden. Ein anderer Teil stellte das Flechtwerk her, was dann mit dem Lehm ummandelt wurde. Zum Schluss zog man mit einem Besen Figuren über die fertigen Wände. Ja, so war es einmal im Siegerland.

Es gab auch Sterbesitten in unserem Siegerland. War der letzte Atemzug bei einem Menschen getan, öffnete man das Fenster, damit die Seele des Toten hinaus konnte um zu Gott aufzusteigen. Die Frauen aus der Nachbarschaft zogen den

Toden an. Eine Glocke gab die Sterbestunde bekannt. Ein Trauerflor an der Haustüre zeigte an, dass ein Toter im Haus war. Der Sarg blieb bis zur Beerdigung im allgemeinen offen, da die Beerdigung auf den Dörfern vom Hause ausging. Totenwachen, die es einst überall gab, im Hickengrund bis etwa 1900, hatte man längst abgeschafft. Der Grund der Abschaffung war das damit verbundene Branntweintrinken, was zu bösen Unsitten geführt hatte. Manch Trauerkranz, der künstlich war, wurde wie der Hochzeitskranz eingerahmt und aufbewahrt.

Wer einigermaßen mit unserer Heimatgeschichte vertraut war, wünschte vergangene Zeiten mit ihren Nöten, Entbehrungen und verworrenen Zuständen, wie sie unsere Vorfahren in steter Unruhe und oft unter sklavischen Zwang durchlebten, sicherlich nicht zurück.

Literaturnachweis:

Emil Vollpracht: Sitten und Gebräuche im Siegerlande
Adolf Müller: Siegerländer Heimatbuch
Google: Eichen im abnehmenden Mond geschlagen
Albert Irle: Der guten alten Zeit ist kaum nachzutrauern
Siegerländer Heimatkalender 2012: Lichtmess begann die Feldarbeit

Die einst selbständige Gemeinde Schweisfurth

Anno 1417, genau vor 600 Jahren wurde zum ersten Mal der Ort Schweisfurth erwähnt. Es war auf einer Urkunde, wo unter den gräflichen Einkünften "der hoff tzu Schweynsfort" aufgeführt war, mit einer Abgabe von drei Malter Korn und sieben Malter Hafer. Der Ort lag an der Ferndorf neben Dahlbruch.

Adelheit, die Tochter des Grafen Johann des 2. von Nassau mit der Haube, wurde 1438 im Kloster Keppel aufgenommen. Sie brachte als Aussteuer den herrschaftlichen Hof zu Schweynsfort mit. Ins Kloster Keppel wurden zur damaligen Zeit nur Frauen aufgenommen, die ein Vermögen mitbrachten. Im Schatzungsregister vom Jahre 1461 wurde ein Gadert von der Schweynsfort mit neun Gulden "Schatzonge" vermerkt.

Verschiedene Damen mussten damals im oberen Ferndorftal schon großen Einfluss gehabt haben. Da wurde im Jahre 1580 eine Babera Schweisfurth, von der Zunft der Massenbläser, in Strafe genommen, weil sie auf der Blashütte "Zu Lohe" gehüttet hatte. Bereits 1577 hatte sie gelobt, sich das Blasen auf dieser herrschaftlichen Hütte gänzlich zu enthalten.

1599 wurden in der Schweisfurth zwei Keppeler Lehnsgüter aufgeführt die im Besitz der Brüder Johann und Ludwig Schweis waren. Diese Güter hatten an einer Furt der damals breiten Ferndorf gelegen und mit großer Wahrscheinlichkeit so den Namen Schweisfurth entstehen lassen. Vor 1600 hatte Ferndorf eine Kirchspielschule. Da die Schweisfurther nach Ferndorf eingepfarrt waren, konnten die Jugendlichen auf freiwilliger Basis in diese Schule gehen. Es gab keine Schulpflicht. Die Müsener Schule, die etwa ab 1600 bestand, wurde 1627 in eine Kirchspielschule umgewandelt. Die Schweisfurther Kinder mussten nun im Winter in diese Schule, denn im Sommer gab es keinen Unterricht.

Im Oktober 1680 wurde Martinus Dörr erster Schulmeister von Müsen, zuvor unterrichtete der Pastor die Kinder. Für jedes Kind, was von den Dahlbrucher – und Schweisfurther Höfen nach Müsen zur Schule ging, musste jährlich eine Karre Holz dem Schulmeister geliefert werden. Über Güte und Größe der Lieferung war man immer unterschiedlicher Meinung.

Die Schweisfurther wurden bis 1627 auf dem Ferndorfer Friedhof, der um der Kirche lag, beerdigt. In diesem Jahr wurden sie mit den Orten Müsen, Dahlbruch, Winterbach und Merklinghausen von Ferndorf ausgepfarrt. Müsen wurde mit den anderen Orten selbständige Kirchengemeinde. Auch die Toten von Scheisfurth wurden ab diesem Zeitpunkt um die Müsener Kirche, die damals noch eine

Kapelle war, beigesetzt. Zu dieser Zeit bis 1636 wütete die Pest im Ferndorftal und hatte sehr, sehr viele Opfer gefordert. Bestimmt war es mit ein Grund, dass Müsen eigene Kirchengemeinde wurde, denn ein weiterer Friedhof stand somit zur Verfügung.

Um 1750 trennten sich Dahlbruch und Schweisfurth von dem Müsener Schulverband und versuchten eine eigene Schule zu gründen. Viele Jahre war kein geeignetes Schulgebäude vorhanden. In Stefans Haus in der Hochstraße wurde eine Schulstube eingerichtet.

Im 18. Jahrhundert wurden die zwei Bauerhöfe geteilt, so dass die Schweisfurth nun vier Höfe hatte. Am 23. August 1759 wurde erstmals ein schriftlicher Vertrag zwischen dem Stift Keppel und sämtlichen Lehnshofleuten abgeschlossen der die beiderseitigen Rechte und Pflichten regelte. Alle früheren Pachtbedingungen berührten nur auf mündliche Vereinbarungen, so auch mit Johann Henrich Thomas und Johannes Setzer von der Schweisfurth.

Die Fürsten von Nassau wollten, wie es damals üblich war, den blauen Dunst verbreiten. Aus diesem Grunde ließen sie 1781 auf der Schweisfurth eine Tabakfabrik und in Hilchenbach eine Schnupftabakfabrik bauen. Der Bestand dieser Fabriken war nicht von langer Dauer.

Am zweiten März 1850 verabschiedete die preußische Regierung das Rentenbankgesetz. Dies sah unter anderem vor, dass Erblehnsträger durch eine einmalige Abfindungssumme die Besitzergreifung der bewirtschaftlichen Erblehnsgüter möglich wurde. Die dafür zu zahlende Summe war der achtzehnfache Betrag der jährlichen Abgaben. Auch die Schweisfurther unterzeichneten diesen Vertrag. Die meisten Orte im Ferndorftal sowie Dörfer aus dem Netpherland waren Jahrhunderte lang in wirtschaftlicher Abhängigkeit von dem Stift Keppel, welches einen enormen Besitz hatte.

1882 errichteten die Gebr. Klein ein Menagengebäude (Schweisfurth 23). Im Erdgeschoss waren Küche, Vorratskammer und einige Schlafzimmer. 1899 und 1908 wurde je ein weiterer Anbau hinzugefügt. Unmittelbar neben der Menage Richtung Wittgensteiner Straße baute die Siemag 1940 eine Unterkunftbaracke für weitere 40 Kriegsgefangene.

Um 1900 gingen die Ortschaften Schweisfurth, Winterbach und Hillnhütten auf eigenen Wunsch nach Dahlbruch, welches durch die Maschinenfabrik Gebr. Klein ein reicher Ort geworden war. Die Gebr. Klein erweiterten ihre

Produktionsstätte immer wieder auf dem Gebiet der Schweisfurth. Sie hatten 1914 bereits 1180 Beschäftigte, die alle über die Schweisfurth hineingingen.

Hierdurch entwickelte sich reges Leben in der Schweisfurth, wobei sich Geschäfte und Händler ansiedelten. In den 1920er Jahren wurden in einer Maschinenfabrik Motorräder hergestellt mit der Marke Sieg. Da nur wenige Maschinen hergestellt wurden, hatten diese heute einen sehr hohen Stellenwert. Eine Herrenkleiderfabrik legte in den 1930er Jahren auch ihre Produktion nach der Schweisfurth. Ihr Areal ging in den 1960er Jahren in den Besitz der Siemag über.

Es musste davon ausgegangen werden, dass auf der Schweisfurth ehemals Nr. 5 (Jägerhaus – Setzers) der erstmals 1417 erwähnte ‘‘hoff tzu Sweynsfort“ gestanden hatte. Er gehörte zunächst den Grafen zu Nassau und ging 1438 in den Besitz des Klosters Keppel über.

Viele Bauanträge waren durch die Firmen Gebr. Klein ab 1848 und ab 1928 durch die Siemag bis 1944 gestellt worden. Es sind 67 Baugesuche, die im Stadtarchiv Hilchenbach lagern aber nicht komplett sind. Anlegung einer Dampfmaschine von sechs Pferdestärken war der erste Bauantrag von 1848. 1855 Anlegung von Kleins Weiher, den die alten Dahlbrucher noch gut in Erinnerung haben. 1872 Neubau eines Pferdestalls. 1890 Anbau an das Gießereigebäude. 1899 Neubau eines Modellschuppens von 50 m Länge und 15 m Breite. Ebenfalls 1899 Neubau einer Maschinenwerkstatt (63,27 Meter lang und 34,38 Meter breit), 1927 Stilllegung eines Betriebzweiges, es sollten 30 Arbeiter und 90 Angestellte entlassen werden.

1928 ging es wieder aufwärts und der erste Bauantrag der Siemag betraf die Herstellung eines Privatgleisanschlusses. 1936 Abbruch der Holzkonstruktion des alten Drehereigebäudes in eine Eisenkonstruktion. 1937 Einrichtung einer Telefonzentrale. 1938 Ausbau der Luftschutzräume und –keller. 1942 Neubau von zwei Wohnbaracken mit Abort zur Unterbringung von 150 Kriegsgefangenen. 1944 Neubau einer Montagehalle.

Wie die Ferndorf noch nicht reguliert war und Hochwasser hatte, waren immer einige Häuser der Schweisfurth von Wasser umgeben. So auch das mächtige, langgezogene elf Familienhaus, obere Schweisfurth Nr. 2 bis 22. Es stand dann wie ein Sperre bzw. Riegel quer zum Ferndorftal und wurde aus diesem Grund im Volksmund auch Talsperre sowie Arche Noah genannt.

Literaturnachweis:

Kirchengemeinde Müsen : Vom Kindelsberg und Martinshardt
Wilhelm Feldmann : Dahlbruch – einst und jetzt
Reinhard Gämlich : Archiv der Stadt Hilchenbach
Heinrich Strack : Aus dem Leben des Schulmeisters Martinus Dörr zu Müsen
Museumsleiter Reinhard Gämlich : Haus und Familiennamen aus dem Kirchspiel Müsen

Die Schwarzkitteln waren am Aussterben

Wer vor etwa 130 Jahren Siegerländer Wälder durchstreifte, musste ein günstiges Verhältnis zur Jagd gewonnen haben. Dazu trugen vor allen Dingen die ausgedehnten Niederwaldbestände mit den günstigen Äsungsplätzen bei. Aber auch die heranwachsenden dichten Fichtenbestände, die dem Wild eine gute Deckung boten. Auch die vielen Wiesen und Felder, die zum Teil bis in die Bergeshöhen gingen, passten gut hier zu. Aber trotz dieser günstigen Bedingungen für das Wild war der Bestand seinerzeit sehr gering.

Das lag daran, dass der Abschuss des Wildes kein geregelter war. Man hatte nicht genug weibliches Wild, was für die Nachzucht notwendig war, am Leben gelassen. Aber auch der rücksichtslose Jagdbetrieb mit den Bracken hatte dazu beigetragen. Diese Jagdart hatte zwar ihre Reize, aber die Grenzen der Waidgerechtigkeit wurden hierbei überschritten, wenn Hunde das Wild stundenlang, ja sogar bis zu Tode, hetzten. Durch diese Jagd, mit den hochbeinigen Bracken, hatten besonders die Rehwildbestände gelitten. Deswegen hatte der einsichtige Teil der Siegerländer Jägerschaften den zweifelhaften Jagdbetrieb mit den Bracken abgeschafft. Sie waren nur noch da zu finden, wo das jagen keine waidgerechte Freude darstellte, sondern einen Erwerbszweig wo die Einnahmen die Ausgaben am Jahresabschluss decken mussten.

Der Kreis Siegen hatte seinerzeit eine Größe von 64 700 ha, hiervon waren 71 % (44.000 ha) Wald. Es waren 14 % Staatswaldungen, 1% Stiftswald, 5 % Gemeindewaldungen, 3 % Privatwald und 77 % Hauberge. Die häufigsten Wildarten waren Rehe und Hasen. Der unruhige Haubergsbetrieb und der Weidegang von Schafen und Rindvieh sagten dem Rotwild zu. Es war daher nur in den ruhigeren fiskalischen Revieren als Standwild anzutreffen. Das Schwarzwild war durch die Ausdehnung der landwirtschaftlichen Betriebe zurückgegangen. Die Schäden, die ein starker Bestand von Schwarzwild an Wiesen und Felder anrichtete waren nicht unerheblich. Deswegen war auch jeder Schwarzkittel bei den meisten Landleuten ein verhasster Geselle. Seine Ausrottung in den Siegerländer Wäldern dürfte nur noch eine Frage der Zeit sein, meinte Paul Sorg seinerzeit.

Für den Jäger war das Verschwinden dieser edlen Wildart sehr bedauerlich. Um die Pächter zu locken, boten die Verpächter ihre Reviere in den Zeitungen mit einem Sauenbestand an. Der Pachtzins war eine wichtige Einnahme. Er betrug um 1913 je nach Wildbestand zwischen 2 und 8 M pro ha. 1 M entsprach etwa heute (Januar 2018) 5,20 Euro. Nachdem der „Jagdschutzverein Siegerland" im Jahre

1908 gegründet wurde und dieser auf die Jägerschaft einwirkte, nahm der Wildbestand wieder zu.

Heute dagegen hatten wir viel zu viele Wildschweine, die ständig immensen Schaden anrichteten. Deswegen hatte die untere Jagdbehörde des Kreises Siegen /Wittgenstein die Schonzeit für Wildschweine aufgehoben. Ausgenommen von der Schonzeitaufhebung waren nur noch die Bachen mit gestreiften Frischlingen, die weniger als 25 Kg wogen. Dem übermäßigen Wildschaden durch die zurzeit sehr hohen Schwarzwildbestände war nur bei zukommen, indem die Tiere über mehrere Jahre bejagt wurden. So waren von Oktober 2016 bis zum 11. Januar 2017 im Kreis Siegen/Wittgenstein mehr als 700 Wildschweine erlegt worden.

Hierdurch wurde mir auch das große Rechnungsbuch der Müsener Jagdgesellschaft etwas verständlicher. Das Rechnungsbuch hatte eine Größe von 22 x 34, cm war 2 cm dick und im Besitz von Wilhelm Krämer Müsen. Das Buch listete alle Einnahmen und Ausgaben von dem Jagdjahr 1866/67 bis zum Jahr 1898/99 fein säuberlich auf. Die Einnahmen bestanden aus verkauften bzw. versteigerten Rehbraten, einschließlich der Rehböcke und den erlegten Feldhasen, die verkauft wurden. Von dem Rehwild waren nie mehrere Tiere, die an einem Tag erlegt wurden, aufgeführt. In all den Jahren wurde kein Verkauf von einem Wildschwein bzw. Wildschweinbraten aufgeführt. In dem Jagdjahr 1886/87 wurden 50 Hasen, 1887/88 = 52 Hasen und 1894/95 = 54 Hasen erlegt und verkauft. Trotz dieser vielen Hasen brachte der Verkauf von Rehbraten immer viel mehr ein als die der Hasen.

Es sind schon einige Wildschweine damals geschossen worden, was aus Bescheinigungen der Fleischbeschauer ersichtlich war. Zum Schluss des Rechnungsbuches waren alle Rehe und Rehböcke fein säuberlich aufsteigend nach dem Datum aufgelistet. Aber auch wer sie erlegt hatte und wo es war. Es sind mehr Rehböcke als Rehe geschossen worden. Die Geweihe der Böcke sind nie erwähnt worden. Meines Erachtens bekam der Schütze, der das Tier erlegt hatte, oder der Schlachter, die Hörner.

Die Tiere wurden immer in sechs Teile zerlegt und verkauft. 1. Rechter Hinterschlegel (Rechte Keule). 2. Linker Hinterschlegel (Linke Keule). 3. Hinterziemer (Hintere Teil des Rehrückens). 4. Vorderziemer (Vordere Teil des Rehrückens). 5. Rechter Vorderschlegel (Rechtes Blatt). 6. Linker Vorderschlegel (Linkes Blatt). Die Rehrücken erreichten immer die höchsten Preise pro Kg. Für jeden dieser sechs Stücke war das Gewicht bis eine Stelle hinterm Komma genau aufgeführt. Der Preis für jeden Braten war bis zum Pfennig aufgelistet, aber auch der Endpreis für jeden dieser Rehbraten sowie wer es gekauft und wie viel bezahlt worden war konnte man in dem Jagdbuch sehen. Der Gesamtpreis, den das einzelne Rehwild erzielt hatte war aufgeführt.

Sauber aufgelistet waren im Jagdbuch zum Jahresabschluss alle Einnahmen und Ausgaben des Jahres. Bei den Einnahmen kam der Überschuss des Vorjahres hinzu, so dass immer ein Gewinn vorhanden war. Einige Protokollführer schrieben noch ein Gedicht dabei, so auch 1870 eins von 26 Versen. Die ersten drei Verse lauteten, 1. Das Jagdhorn ruft: Tara! Tara! Die Jäger kommen zu Hauf. Der Jahrestag ist nunmehr da, zur Feier durchs vergangene Jahr. 2. Sie kommen alle hocherfreut, all die den Ruf gehöret. Zu sehen was der Tisch uns bot und was zu trinken wäre. 3. Doch einige die fehlten heute, die waren in der Schlacht, mit König Wilhelm kampfbereit, fort auf Franzosen Jagd.

Ein Rehbraten war seinerzeit schon etwas besonderes dementsprechend waren auch die Preise. Immer wieder tauchten die gleichen Käufer auf. Es waren die besser gestellten Leute, denn so einen Rehbraten konnte sich damals nicht jeder leisten.

Literaturnachweis:

Kreisverwaltung: Siegen/Wittgenstein
Paul Sorg: Die Forstwirtschaft
Hendrik Schulz: Schonzeit für Wildschweine in Siegen Wittgenstein ist vorbei
Paul Sorg: Die Jagd
Rechnungsbuch für die Müsener Jagdgesellschaft von 1866/67 bis 1898/99
Wikipedia: Deutsche Währungsgeschichte

Johannismarkt vor 550 Jahren in Siegen

Am 24. Juni war Johannistag, auch einfach Johanni genannt. In christlicher Tradition wurde, an diesem Tag, die Geburt Johannes des Täufers gefeiert. Die Heiden feierten um diesen Termin herum die Sonnenwende. In einigen Regionen wurden zu dieser Zeit große Johannisfeuer abgebrannt. Diese Sonnenwendfeiern gingen mit ihrem Feuerbrauchtum, unter anderem auch Feuerspringen und Feuerräder rollen, auf germanische Sonnenkulte zurück. Weiterhin markierte er das Ende der Schafskälte und läutete die Erntezeit ein. Außerdem wurden ab dem Johannistag die Tage wieder kürzer und die Nächte länger.

Das Johannisfeuer wurde erstmals im 12. Jahrhundert erwähnt. Dem Volksglauben nach sollte das Feuer aber auch Dämonen abwehren. Einst war es Brauch, in der Johannisnacht in Flüssen und Seen schweigend ein Bad (Johannisbad) zu nehmen. Es sollte einen besonderen Schutz gegen Krankheiten geben. Früher glaubte man auch, dass der Tau der Johannisnacht (Johannistau) voller Kraft und Segen gewesen sei.

Viele Bräuche und Sitten könnte man noch erwähnen. So endete auch die Spargel - und Rhabarber Erntezeit am 24. Juni. Aber auch die Jahrhunderte alten Johannismärkte, so auch der in Siegen, waren an diesem Tag. Lasst uns doch einmal 550 Jahre zurückschauen und uns den Johannismarkt von 1467 in Siegen etwas näher betrachten. Der Autor, Hermann Böttger, schrieb 1467 im Jahre des Heils was von dem lateinischen Anno Salutis kam. Im Jahre des Heils war eine bis zum 18. Jahrhundert verwendete Formel für die Jahresangaben, so wie heute anno.

Die Lohernte in den Haubergen hatte reichen Ertrag gebracht. Einer der wohlhabenden Haubergsgenossen, Gerhard Böcking aus Eisern, hatte die Lohe an den Lohmühlenbesitzer Heidenreich Löhr in Siegen verkauft. An Ferndorf und Sieg waren neue Blashütten gebaut worden. Deswegen mussten für die Blasebälge und die langen Schürzen der Massenbläser und Hammerschmiede viele Felle gegerbt werden, so dass Böcking einen guten Preis erwartete. Auch das Heu war in diesem Jahr früher als sonst trocken eingebracht worden.

Böcking beschloss am kommenden Johannistag seinen Geschäftsfreund aufzusuchen, um das Geld in Empfang zu nehmen. Er wollte natürlich auch den Markt mit den vielen Sehenswürdigkeiten besuchen. Er wäre kein echter Siegerländer gewesen wenn ihn der große Johannismarkt nicht angezogen hätte. Auch hoffte er alte Bekannte aus Stadt und Land zu treffen und mit ihnen einen guten Trunk zu nehmen.

Der Johannismarkt übte seinerzeit eine sehr große Anziehungskraft aus. Deswegen schritten am frühen Morgen des 24. Juni sehr viele Personen nach Siegen. Nach etwa einstündiger Wanderung hatte die aus Eisern kommende Schar den Sattel zwischen Hamberg und Häusling erreicht. Vor ihnen lag in der Morgensonne die Bergstadt Siegen. Rauch stieg aus einer Blashütte in den blauen Himmel empor. Der Blick fiel weiter auf die Stadtmauer mit ihren Wachtürmen. Über den Stroh gedeckten Häusern am Markt ragte der erst vor kurzem vollendete Turm der Nikolaikirche hervor.

Alle drängten weiter zu den Herrlichkeiten des Johannismarktes. Nur Böcking musste sich von seinen Sorgen des Freudentages befreien. Ja, es fehlte dem Lande der strenge und gerechte Herr. Unten rechts sah man die alte Gerichtslinde. Noch vor wenigen Wochen hatte dort das Gericht unter dem Hain, dem Böcking als Schöffe angehörte, getagt. Es ging immer um Klagen der unterdrückten Landsleute, gegen Philipp von Bicken. Seit Jahren war dieser mächtige Edelherr der Besitzer von der Wasserburg Hainchen. Da der Graf in den Niederlanden war, hatte Philipp die Gelegenheit genutzt, seinen reichen Besitz an Höfen in vielen Dörfern noch weiter auszudehnen.

Böcking trennte sich von der Masse seiner Begleiter und ging nach Heidenreich um seine Geschäfte abzuschließen. Heidenreich wohnte außerhalb der Stadtmauer in der Nähe seiner Lohmühle. Den ledernen Beutel gefüllt mit rheinischen Gulden ging er eine halbe Stunde später auf das Wetzlarer Tor zu. Dieses nannte man neuerdings Löhrtor, da sich viele Löher hier angesammelt hatten. Hier war das Gedränge sehr groß, denn die vielen Wagen die durch das enge Tor fuhren wurden von den Stadtwächtern streng geprüft.

Die Karren enthielten wertvolles Kaufmannsgut was unter den Leinwanddecken verborgen war. Wagen und Fußgänger zogen dicht gedrängt die schmale Löhrstraße hinauf. Die Wagen wurden alle auf der Stadtwaage gewogen, die am Rathaus stand, wo auch der Zoll gezahlt werden musste. An Holz-, Fachwerkhäusern und gewerblichen Betrieben, die mancherlei Handwerkszeichen an ihren Häusern hatten, ging es vorbei. Wegen den Menschenmassen flogen Gänse und Hühner umher. Das Vieh, das an diesem großen Festtage nicht auf die Hude hinaus getrieben worden war, blökte in ihren Ställen.

Eine rote Fahne wehte am Rathaus, es war das Zeichen, dass die Verkäufer Marktrecht hatten. Wer den Marktfrieden brach, wurde hart bestraft. In Krambuden auf Ständen, Tischen und Bänken des Rathauses vor der

Kirchentreppe waren die Waren ausgelegt. Kannengießer, Löher, Weißgerber, Gürtelmacher, Wollweber, Leineweber, Pfannenschmieder, Schuhmacher, Schneider und weitere Handwerker zeigten, was der Fleiß des Bürgers geschaffen hatte. Bäcker, Krämer und Fleischer waren besonders umlagert, denn sie zeigten leckere Bissen. Aber auch Spielleute mit Sackpfeife oder Geige waren anwesend. Ihre waghalsige Kunst zeigten auch Seiltänzer und Gaukler vor einer staunenden Menge. Fahrendes Volk brachte in Reimen Kunde von Krieg und Pest sowie von der Wasser- und Feuersnot.

Mehrere Stunden brauchte Böcking für seinen Rundgang über den Heu-, Stech- und Roßmarkt, sowie über Salz- und Buttermarkt zu gehen. Besonders eng wurde es zwischen dem Klupp auf der einen Seite sowie Nikolaikirche und dem Rathaus auf der anderen Seite.

Mittlerweile senkte sich die Sonne tiefer, die große, rote Fahne am Rathaus wurde eingezogen und die Abendglocke von St. Nicolaus läutete den Markt aus. Die Marktleute hatten bereits ihre Wagen geschirrt. Auch Böcking machte sich auf den Heimweg, denn mit dem Beutel voller Gulden wollte er noch vor Dunkelheit zu Hause sein. Er wusste aber auch, dass seine Frau und die Kinder sehnsüchtig auf etwas Mitgebrachtes vom Markt warteten, was sie strahlend in Empfang nahmen.

Literaturnachweis:

Eva Monning – Der Johannistag : Entstehung und Bedeutung
Wikipedia - Anno Salutis
Hermann Böttger – Auf dem Johannismarkt und in der Herberge zum Heiligen Geist
Knaurs - Lexikon
Wikipedia - Johannitag

3. Es wurde viel gekämpft

Das Gefecht auf der Kalteiche

Die Sonne brannte am 3. Juli 1795 auf die Rödger Kirche und der große Kastanienbaum neben dem Pfarrhaus ließ schon seine Blätter vor Hitze hängen. Scharfen Hufschlag hörte man auf der Straße, die von Siegen über die Rödger Höhe nach Wilnsdorf ging. Der Reiter hielt und band sein Pferd im Schatten des Kastanienbaumes an. Bring mir und meinem Pferd einen kühlen Trunk bat er den Pfarrherr der gerade aus seinem Haus kam. Es war ein Offizier der kaiserlich österreichischen Truppen, die sich auf der Kalteiche bei Wilnsdorf festgesetzt hatten.

Zu den historischen Hintergründen ist zu erwähnen, dass während der Revolution in Frankreich die Regierung entmachtete und eine Volksregierung geschaffen worden war. Preußen war damals Untertan von Österreich. Aus Furcht eines Übergriffes der Revolution auf deutschem Gebiet, wo auch Unruhe herrschte, war ein Söldnerheer aufgestellt worden und Frankreich wurde damit bedroht. Die Franzosen wehrten sich auf ihre Weise und drangen zum Teil weit über den Rhein auf deutschen Boden vor.

Nach dem Trunk ging er mit dem Pfarrer auf die Straße und zeigte hinab aufs Tal. „Wie heißt das Dorf dort unten?" fragte der Österreicher. „Das ist Niederdielfen," war die Antwort. „Und gerade aus wohin die Kolonnen marschieren da liegt Anzhausen. Aber sind das nicht die Franzosen?" Der Offizier antwortete: „Ihr habt recht." Sie gingen hinter einen Baum in Deckung, denn es ertönte Hufschlag und ein zweiter Husar wurde sichtbar. Die beiden ritten dann gemeinsam Richtung Wilnsdorf davon.

„Einen ganz schweren Kampf müssen wir bestehen, wenn wir die Kalteiche halten wollen, denn die Franzosen haben bestimmt die doppelte Anzahl Soldaten für den Angriff. Uns fehlen einfach die Preußen," sagte der Erste. „Ja, „ meinte der andere, „wenn der alte Haudegen von Potsdam noch lebte, wäre vieles anders und die Franzosen wären nicht über den Rhein gekommen."

Bei den kaiserlichen Truppen auf der Kalteiche (579m) herrschte reges Treiben. Die Truppen waren aus den umliegenden Dörfern, in denen sie Quartier gemacht hatten und verpflegt werden mussten, nach hier zusammengezogen worden. Nach Wilnsdorf, westlich der Heerstraße, waren Gräben für die Infanterie aufgeworfen worden. Dahinter waren die Batterien aufgestellt. Der Angriff der Franzosen wurde von der Straße Siegen Wilnsdorf erwartet. Im Schutz knorriger Fichten, auf dem höchsten Punkt, stand das Zelt des Feldmarschalls Freiherrn von Kray. Der Feldherr konnte von hier das gesamte nördliche Siegerland überblicken.

Aus der Rödger Richtung waren die beiden Meldereiter eingetroffen und übergaben ihre Berichte. Der französische General Lefebre wäre heute morgen in Siegen auf dem Giersberg mit 12000 Mann eingetroffen. Am Fuße des Lindenbergs standen 10 Geschütze, die noch heute durch den Siegener Spanndienst zur Rödger Straße gebracht wurden. Es war aber auch mit einem Angriff aus Richtung Wilnsdorf zu rechnen, denn man sah auf dem Vormarsch französische Truppen über Marienborn, Niederdielfen und Anzhausen ziehen. Es war damals eine unruhige kriegerische Zeit, in der die Französische Revolution (1792 - 1799) und die Revolutionskriege (1792-1802) in vollen Gange waren.

Der Feldherr überprüfte noch einmal seine geringen Streitkräfte und sagte: „Wir werden diese Höhe nicht halten können." Er gab den Befehl auf dem östlich der Heerstraße gelegenen Abhang Richtung Wilgersdorf einen Verhau zu errichten. (Verhau bezeichnete man ein aus sperrigen Teilen bestehendes Hindernis, was für Verteidigungszwecke angelegt wurde). Auch ließen die Österreicher schwere Verschanzungen als Hindernis von der Bevölkerung auf der Kalteiche bauen. Hierzu mussten aus Stadt und Land täglich 600 Mann gestellt werden. Sie waren bei dieser großen Hitze sehr durstig und man gestattete ihnen nicht den Durst an den Quellen zu löschen. Als deshalb viele Leute entwichen, hatte man sie mit Wachen umgeben. Die Bamberger Infanterie musste die Baumstämme in Höhe von einem Meter abhauen und sie dann als Hindernis legen. Aber auch zahlreiche Erdwälle wurden zur Deckung aufgeworfen. Längst war Mitternacht vorbei, ehe die Bamberger ihre Arbeit beendet hatten und zur Ruhe kamen.

Dann kam der 4.Juli 1796 und die Sonne stand strahlend über der Kalteiche. Aber dichter Nebel deckte die Dörfer in den Tälern zu. Der Nebel wollte nicht weichen, aber plötzlich tauchte der Feind in breiter Front aus dem Nebel auf. Die Österreicher nahmen sofort das Feuer auf und die Franzosen zogen sich in den Schutz des Nebels zurück. Kurz darauf schlugen die französischen Kugeln auf der Höhe ein.

Das Gemetzel ging los und die Österreicher warfen sich dem Feinde noch mal entgegen. Es fielen ganze Reihen im Feuer der Kartätschen dahin. (Kartätsche bezeichnete man ein Artilleriegeschoss mit Schrotladung). Vergeblich rasten auch die Reiterregimente gegen die Franzosen. Vergeblich stachen die Österreicher mit Bajonett und Säbel um sich und schlugen mit dem Kolben und wehrten sich gegen die Landesfeinde. Vergeblich ist alles Blut verflossen und die vielen Toten die am

Abend auf dem Schlachtfeld lagen waren glücklicher zu preisen als die Schwerverletzten, die hilflos im Frühjahr 1797 in den Wäldern der Kalteiche umkamen. Die Soldaten der kaiserlichen Truppen, die dazu noch in der Lage waren, zogen nach Dillenburg ab. Nun begann die große Plünderung der Franzosen rund um die Kalteiche. Man nahm den Menschen, die schon vorher viel gelitten hatten, noch das Letzte weg was sie zum Leben brauchten.

Die Toten waren auch glücklicher zu Preisen als tausende Verletzte, die nicht mehr fähig waren ihren Brüdern zu folgen und nun in die Dörfer und Städte geschafft wurden, wo sie ein viel schrecklicheres Los fanden. Als jene, die durch eine Kugel in Sekundenschnelle für das sinnlose Ziel vom Leben in den Tod geschickt wurden. Von den 2000 verwundeten Österreichern, die nach Siegen geschafft wurden starben in kurzer Zeit durch sehr schlechte Verpflegung 1500 Mann. Sie wurden sang- und klanglos verscharrt, wie man Vieh verscharrt, welches durch eine Seuche dahingerafft worden war.

Vergeblich all das Blut, vergeblich aller Mut und Opferwille bei Soldat und Offizier. Vergeblich dieses grauenvolle Sterben auf den Schlachtfeldern und danach in der Einsamkeit. Der Kaiser verlor fast die Krone und dieses wäre nicht all so schlimm gewesen, aber Deutschland verlor das linke Rheinufer und seine Ehre.

Literaturnachweis:

Wikipedia : Kalteiche
Wilhelm Dohle : Die Schlacht an der Kalteiche am 4. Juli 1796
Zeppenfelder Heimatblatt : Das Gefecht auf der Kalteiche 1796
Wilnsdorf : Die Schlacht an der Kalteiche und Preußen
Vom Lahnhof nach Rodenbach : Kalteiche
Hermann Engelbert : Hinterhüttsche Chronik

Sie kauten Rinde und hartes Stroh

Als Auslöser des dreißigjährigen Krieges galt der Prager Fenstersturz vom 23. Mai 1618. Damit brach auch der Aufstand der protestantischen böhmischen Stände aus, gegen die Rekatholisierungsversuche des Böhmischen Königs, aus dem Hause Habsburg, der zugleich römisch – deutscher Kaiser war.

Zu jener Zeit, bei Beginn des Krieges hatte das Siegerland schon einen gewissen Wohlstand, denn die Herrscher hatten schon eine gute Verwaltung geschaffen. Handel und Gewerbe blühten und hatten schon eine gewisse Sicherheit. Das Siegerländer Eisen und die daraus gefertigten Waren hatten einen guten Ruf und fanden tüchtig Abnahme. Die Haubergsordnung regelte die Abholzung und es wurde viel Geld an Eichenlohe und Holzkohle verdient. Die Rindviehhaltung war enorm. Johann, der Ältere hatte schon 1567 die Leibeigenschaft abgeschafft, die in anderen deutschen Länder noch Jahrhunderte Fortbestand.

Der steinige, harte Boden im Siegerland lieferte der genügsamen Bevölkerung Rüben, Hafer, Roggen und Buchweizen. Missernten waren zur damaligen Zeit häufig. Aus Hessen und der Wetterau musste auch in guten Erntejahren Korn eingeführt werden. Das Geld hierfür kam vom Gewerbe und Handel.

Eine Knaben- und Mädchenschule ließ Johann, der Ältere schon im 16. Jahrhundert in Siegen bauen. In zehn Kirchspielen des Landes Siegen entstanden Volksschulen. Sogar in den entferntesten Kapellendörfern waren einfache Unterrichtsräume. So wurden im Großstaat Brandenburg – Preußen erst im 18. Jahrhundert unter von Friedrich Wilhelm dem Ersten Dorfschulen errichtet.

Während des dreißigjährigen Krieges hatten keine großen Kämpfe im Siegerland stattgefunden. Doch hatte die Bevölkerung die Grausamkeiten des Krieges oft erfahren müssen. Da rückte 1622 ein Kaiserliches Heer unerwartet nach Siegen vor. Von Weitem hörte man schon die Querpfeifen des verwegenen Kriegsvolks klingen und auf dem Kalbfell wurde der Marschtritt geschlagen. So sangen sie unter anderem "Wir nehmen Quartiere wo's uns gefällt – wir brauchen kein Schlüssel, wir brauchen kein Geld! Und was der Bauer im Hause hat: er macht damit uns Freiherrn satt."

Die grauenhaften Befürchtungen der evangelischen Bevölkerung wurden weit überboten. Sie stürmten in die Bürgerhäuser und misshandelten Männer, Kinder und Frauen jeden Alters und nahmen alles mit was ihnen in die Hände fiel. Es ertönte ein Schluchzen und Bitten, aber sie kannten kein Erbarmen. Die Öfen zertrümmerten sie und Türen und Fenster schlugen sie entzwei. Lebensmittel, die sie nicht mehr fort schleppen konnten, warfen sie lachend in den Kot. Bettzeug und Hausgeräte, alles wurde mitgenommen. So mussten auch alle Kinder und Kranke auf dem Fußboden schlafen und dieses zur bitter kalten Winterzeit.

Die Freiengrunder griffen mit Waffen zur Gegenwehr. Sie hatten nicht viele Waffen und dazu waren sie noch ungeschult. Sie wurden umso härter geschlagen und das Heer ging noch grausamer mit der Bevölkerung um.

Über Nacht fielen sie in Ferndorf ein. Den Schultheiß entkleideten sie vollkommen. Er hatte sich ihnen entgegen gestellt und um Gnade für die Seinen gebeten. Sie nahmen ihm das ganze Geld ab und misshandelten ihn schwer, lachten über seine Qualen und jagten ihn nackend mit seiner schwer kranken Frau tief in den Wald.

Endlich zog die Meute ab. 30 Schwerverletzte lagen in dem Siegener Krankenhaus, die Graf Johann heilen ließ. Ein Schaden von 80.000 Gulden, was 42.000 Taler entsprach, hatte das Kriegsvolk angerichtet. Für diesen Betrag konnte man seinerzeit etwa 10.000 Kühe oder 1.000 Pferde kaufen.

Sehr große Söldnertruppen wurden in diesem Kriege aufgestellt, die unmöglich vom Kaiser oder den deutschen Fürsten bezahlt werden konnten. Daher setzte sich die bekannte Redensart "Der Krieg ernährt den Krieg" durch, das hieß man bediente sich da, wo man gerade zu Gast war.

Am Jahresende 1622 wurden die nassauischen Grafschaften besetzt. Auf Fürsprache des katholisch gewordenen Grafen Johann, des Jüngeren wurde nur die Stadt Siegen verschont. Unbeschreibliche Ausschreitungen traten wieder zu Tage und niemand konnte sich wehren. Man war Soldat aus Lust am Plündern, Rauben und Morden. Ja, man ließ sich Anwerben um Beute zu machen.

Über die wechselhafte Religion der Freudenberger fand man glücklicherweise etwas. So wurden 1626 alle reformierten Prediger aus Freudenberg vertrieben. Bis 1632 hatten Jesuitenpater und Pastor Berhof das Sagen. Um Ostern 1628 wurden fast alle Familien in Freudenberg wieder katholisch. Von 1632 bis 1636 gab es wieder einen reformierten Prediger. Danach kam ein katholischer Pfarrer bis 1645. Danach setzte sich Johann Moritz durch und die Freudenberger Bürger wurden wieder evangelisch.

Im Jahr 1630 gab es wieder ein Hungerjahr im Siegerland, in dem die Menschen regelrecht verhungert waren, denn im Jahr zuvor gab es eine Missernte. In diesem Jahr hatten auch holländische Soldaten den Pfarrer von Irmgarteichen in seinem

Hause überfallen, ausgeplündert und verschleppt. Die Soldaten wussten bestimmt, wo immer noch etwas zu holen war.

1632 kamen die Schweden. Sie sollten die Kaiserlichen verjagen, den evangelischen Glauben schützen und das Land befreien. Es war nicht von langer Dauer, denn schon im Herbst desselben Jahres fielen Kaiserliche wieder in Freudenberg und Müsen ein. Sie holten das noch wenig Vorhandene herbei, trieben das ganze Vieh weg und lachten über die klagenden Bauern.

Nun schwand auch bei den Schweden die Manneszucht. Sie machten es den Kaiserlichen nach und dachten nur noch an ihr eigenes Wohl. Ein Proviantlager richteten sie in Dillenburg ein. Die verarmten Siegerländer mussten Heu, Getreide und Vieh dorthin liefern.

Den neuen Schultheiß von Freudenberg holten sie 1633 und schlugen ihn so lange bis er versprach sich für 1.800 Talern freizukaufen. Die Freudenberger brachten das Geld zusammen. Aber drei Wochen saß der arme Schulze im kalten Keller, mit Eisen angekettet, bei Wasser und trocken Brot einsam und verlassen. Von den rauen Wächtern wurde er oft misshandelt. Man ließ ihn endlich frei und er kehrte als gebrochener Mensch Heim um bald darauf zu sterben. Der Bergmeister vom Müsener Stahlberg wurde ergriffen und beraubt. Sein Jammern und Flehen war vergebens, denn er wurde mit einem Schuss zu Tode getroffen. Die Unmenschen stillten ihre Lust an den jammernden Angehörigen.

Ein Winterlager wurde 1535 von Kaiserlichen in Hilchenbach eingerichtet. Die Bevölkerung leidete so furchtbar, dass viele von ihnen hinüber ins Kölsche flohen. Sie verkrochen sich hinter Büschen und Hecken und starben draußen einsam und verlassen. Wollte der unsinnige Krieg denn kein Ende nehmen? Es war nicht nur ein Kampf um die Religion, sondern ein erbarmungsloses Ringen um Macht und Beute.

In zügigen Ställen lagen die Leute auf dem Stroh. Der Hunger wurde immer größer. Da der Magen der Menschen knurrte, kauten sie Rinde und hartes Stroh, jammerten und weinten zu Gott. Im Selbsterhaltungstrieb griffen sie zum letzten Mittel. Die Bauern erschossen ihre Peiniger aus dem Hinterhalt und beraubten sie nun ihrerseits. Das war der bittere und grausame Krieg.

Zum Ende des langen Krieges 1646/47 waren die Kriegsvölker, ob Freund oder Feind so zuchtlos geworden, dass Raub und Plünderung an der Tagesordnung waren. Besonders litten hierbei nun die Krombacher und die Netpher. Man nahm ihnen das letzte Vieh weg um es einfach zu erschießen.

Dreißig lange Jahre und fünf Monate wütete dieser Krieg und hatte entsetzliches Leid über das Siegerland, das Deutsche Reich und Europa gebracht wie noch kein Konflikt zuvor. Die seit Jahren geführten Friedensverhandlungen von Osnabrück und Münster wurden endlich zu Ende gebracht. Das Heute unter dem Namen Westfälischer Friede bekannte Ergebnis war das Ende des dreißigjährigen Krieges.

Sehr diplomatisch hatten sich die nassauischen Fürsten in diesem 30 jährigen Relionskrieg verhalten. Trotzdem sie unterschiedlichen Glauben hatten, was heute noch im Siegerland festzustellen war, hatten sie sich nicht gegenseitig ihre Schlösser und Burgen durch ihre Heere zertrümmern lassen.

Weit mehr als 1/3 der Menschen hatten in Deutschland direkt oder indirekt ihr Leben in diesem Krieg verloren. Wenn man von einer Gesamteinwohnerzahl des Reiches im Jahr 1618 von ca. 18.000.000 Menschen ausging so kann man von weit über 6.000.000 Opfern ausgehen.

Literaturnachweis :

C: V. Wedgwoods – Der dreißigjährige Krieg
St. Marien Freudenberg – Kirche und Glaube im Siegerland
Emil Meinhardt – Das Siegerland im dreißigjährigen Krieg
Hermann Engelbert – Hinterhüttische Chronik

Die “Alte Burg“ wurde erobert

Wallburgen waren fast immer auf dem Gipfel eines hohen und steilen Berges in ovaler oder runder Form. So auch die größte und bedeutendste in unserem Siegerland, die „Alte Burg“ bei Afholderbach. Wir fanden sie auf dem 633 m hohen aufragenden Kegel der Alten Burg. Der Berg hatte den Namen durch die Burg bekommen. Sie war die Königin unter unseren Fliehburgen, wie sie auch genannt wurden. Sie war von zwei eher runden wie ovalen Wallzügen umschlossen.

Sie umfasste die enorme Fläche von zehn Hektar, was 10.000 Quadratmetern entsprach. Der innere Wall war 680 m lang mit einer Sohlbreite von etwa 10 m und soll bis zu fünf m Höhe gehabt haben. Die Erdmassen waren unmittelbar neben dem Wall im Inneren ausgehoben, wodurch ein gewaltiger Graben entstanden war. Der zweite Wall der davor lag hatte eine Länge von 1.100 m. Er war etwas kleiner besonders da, wo das Gelände steil abfiel, denn hier war die Standfestigkeit für die Angreifer sehr schlecht.

Im Süden und Westen war dieses gewaltige Bauwerk, was mit sehr großem Arbeitsaufwand und geschickter Anpassung an die Bergesform erbaut worden war, unterbrochen. Hier müssen wohl die Tore dieser Festung gestanden haben. Im Belagerungsfall wurden diese Öffnungen durch mächtige Holzbauwerke zum Schutz vor dem Feind geschlossen. Viele Jahre, ja man muss sogar annehmen dass Jahrzehnte an solch einer gewaltigen Anlage gebaut worden ist.

In der Nähe der Siegerländer Grenze nach Hessen, war eine Wallburg bei Rittershausen durch Ausgrabungen erforscht worden. Scherben und ein Halsring aus Bronze waren die ältesten Funde aus der Hallstattzeit bis etwa 800 vor Christi, die von den Kelten stammten. Um 200 vor der Zeitenrechnung waren die Fünflinge germanischen Ursprungs. Die Kelten sollten diese Burg Jahrhunderte bewohnt haben und hatten darin Eisen verhüttet. Etwa 400 vor Christi Geburt war die Burg zerstört worden und man hatte sie aufgegeben.

Um diese Zeit herum, also etwa 400 vor der Zeitrechnung, hatte man die “Alte Burg“ errichtet. Wohl über 200 Jahre hatten die Kelten in dieser Festung gelebt, die bestimmt auch als Kultstätte und Versammlungsort genutzt wurde. Dann aber begann für sie eine Zeit schwerer Kämpfe. Denn nun rückten vom Norden aber besonders vom Osten immer wieder die Germanen vor, um sich neues Land zu erobern. Zu Hause mangelte es dem kriegerischen Volk an Wohnraum und Lebensmittel. Sie konnten noch nicht das Eisen herstellen und ihre Waffen waren aus Holz, Stein und Knochen. Die Kelten aber mit ihren eisernen Waffen wehrten sich tapfer. Der Kampf dauerte bestimmt Jahre und nur sehr langsam konnten die Germanen vordringen.

Die Kelten brachten ihr Vieh mit Futter sowie Lebensmittel hinein. So war es fast unmöglich eine Wallburg auszuhungern. Es war ein schwerer fast aussichtsloser Kampf. Wie oft werden es die Germanen versucht haben und wie viel Verluste hatten sie hinnehmen müssen? Zum Schluss gelang es ihnen doch mit einem gewaltigen Angriff. Ausgrabungen hatten es bewiesen, dass die beschriebene „Alte Burg“ bei Netphen von den Germanen gestürmt worden war.

Der Späher, der in dem Gipfel eines hohen Baumes war und sehr weit blicken konnte, meldete dem keltischen Führer, dass dieses Mal ein außergewöhnlich starker Germanenhaufen unterwegs wäre. Ein großes Feuer leuchtete abends auf der Höhe in der Burg. Bewaffnete Männer jagten zu Ross den Berg hinunter um alle Bewohner zu warnen und sie mit ihrem Vieh in die schützende Wallburg zu rufen. Steine und Speere trugen die Männer zur Abwehr auf die Wälle. Tiergeschrei und Menschenrufe an den Burgtoren. Von den umliegenden Siedlungen trieben die Männer Schafe, Rosse und Rinder den Berg hinauf in die Burg. Frauen und Kinder, hochbepackt mit Hausrat, jagten mühsam den Berg hinauf. Nach großem durcheinander auf dem Burggelände kam endlich Ruhe auf.

Am Morgen erhoben sich die Schläfer von der Erde. Aus dem hohen Baumgipfel meldete das Horn des Wächters die Feinde. In geordneten Haufen gingen die Krieger der Kelten den Berg hinab und zwar vom Innenwall noch etwa 100 m zum Außenwall. Der Wall hatte oben eine Brustwehr. Pfahl an Pfahl war tief eingerammt worden und etwa 1,3 m hoch. Über die Brustwehr feuerten die Verteidiger ihre Steine, Pfeile und Speere ab. Aber vor feindlichen Geschossen konnten sie sich schützen, indem sie sich bückten.

Mit mächtigem Geschrei schwirrten die Pfeile und Speere der Germanen heran. Sie richteten keinen größeren Schaden an, denn die Kelten waren hinter der Brustwehr in Sicherheit. Die Kelten schleuderten ihre Lanzen und schossen ihre Pfeile ab und brachten große Lücken in die Reihen der Angreifer. Mögen sie auch noch so tapfer gekämpft haben, ihr Angriff misslang. Sie wichen zurück und ordneten die Reste ihrer Männer. Sie versuchten den Angriff nun auf eine andere Art. Aus den Wäldern schleppten sie große Hölzer heran und bearbeiteten sie mit Äxten und Hämmern.

Um die Mittagszeit riefen die Hörner der Belagerer zum neuen Gefecht. Stärker war der Ansturm und größer die Gefahr. Von allen Seiten drangen sie hinter starken Bohlenschildern hervor. Auch zwei Gerüste hatten sie gebaut in denen ein dicker Balken als Sturmbock hing. Donnernd schlugen die schweren Balken gegen das Bollwerk und lange Haken rissen den Zaun nieder. Um diese gefährlichen Werkzeuge entbrannte ein heftiger Kampf. Der Germanen gelang es den Wall hier und da zu zerreißen. Aber fest stemmten die Kelten ihre Holzschilder zusammen um die Risse zu stopfen. Den Germanen gelang es nicht, den Damm hinauf zu klettern und ihr Einsatz war wieder vergebens.

Um das gewaltige hölzerne Burgtor ging der erbitterte Kampf weiter. Gelang es den Angreifer dieses in Brand zu stecken, hätten sie schnell ein Schlupfloch wodurch sie eindringen könnten. Es wurden Strohbündel davor geworfen und in Brand gesteckt sowie Schanze um Schanze in die Flammen geworfen. Mancher Held der von keltischen Speeren durchbohrt worden war, sackte zu Boden. Aber immer neue Verstärkung rückte heran und mehr Speere und Pfeile flogen hinauf zum Wall. Das Tor verkohlte langsam und die Germanen schleppten einen der Sturmböcke herbei. Starke Männer stießen den Balken, im Schutz der Schilder, immer wieder gegen das Tor, bis es endlich mit Gepolter zusammen stürzte.

Mit lautem Geschrei, als hätten sie schon den Sieg errungen, stürmten sie auf den Wall. Ihre Freude war aber nur kurz. Die Kelten standen eng zusammengerückt auf dem Wall. Ihre oft fliegenden Speere und polternde Steine rissen blutige Bahnen in den kämpfenden Haufen. Mit aller Härte und großem Zorn kämpften die Verteidiger um Ihre Stellung. Den Germanen war es nicht möglich, sich festzusetzen und sie liefen verzweifelnd zum Außenwall zurück. Manch einer blieb liegen, denn ein nachgeschleuderter Felsblock brachte ihn zu Boden.

Mit einem weiteren Angriff war an diesem Tag nicht zu rechnen, denn die Erschöpfung der Germanen war zu groß. Am anderen Morgen aber begann der Kampf erneut mit noch größerer Verbissenheit. Zu gewaltig war die große Tapferkeit der Germanen. Als abends die Sonne unterging brachte ihr Häuptling mit mächtigem Stoß das angebrannte Tor des Innenwalles zu Fall. Im dichten, kaum durchblickenden Rauch drang er mit seinen besten Kämpfern in das Innere der Burg. Wildes Siegesgeheul spornte die anderen zur letzten Kampfanstrengung an. Der lange und erbitterte Wiederstand der Kelten war gebrochen. Als am Abend die Dämmerung langsam eintrat standen die Germanen auf dem Gipfel der Burg als Sieger.

Trotz der sehr großen Verluste, die die Germanen gehabt hatten, wurden die gefangenen Kelten nicht getötet, denn sie sollten Ihre Lehrmeister in der Eisenschmiedekunst werden.

Literaturnachweis:

Emil Meinhardt - Der Kampf um die alte Burg
Karl Wesener – Die Wallburgen und Grenzwälle im Kreise Siegen
Wikipedia - Alte Burg (Afholderbach)
Netphen – Alte Burg-ohne Burg-nur Wälle und Gräben
Deuzer Forum – Alte Burg

4. Es war nicht immer einfach

Siegerländer zogen nach Ostpreußen

Mathilde wusste wirklich nicht was das alles bedeuten sollte. Da wurden jede Menge Kisten gepackt und viel Hausrat wurde auf die schweren, großen Wagen geladen. Fritz, der große Bruder wusste bestimmt weswegen die Unruhe war. Sie hätte ihn gerne gefragt, aber er musste dem Vater helfen. Nur einmal sagte er, dass es ganz weit fort ginge nach Ostpreußen.

Ostpreußen lag doch hinter dem Kindelsberg und noch ein ganz langes Stück weiter dachte Mathilde. Dort würde sie dann mit Vater, Mutter, Fritz und den anderen Leuten die mitfahren wohnen. Ob es da auch so hohe Berge gäbe wie hier, wo man die Kühe mit den Schellen weidete und man im Sommer so feine Beeren sammeln könnte wie bei uns. Mathilde machte sich viele Gedanken.

Da nahm die Mutter sich etwas Zeit für ihr Töchterchen mit seinen vielen, vielen Fragen. Wir reisen Morgen ab Mathilde nach Ostpreußen. Dann erzählte sie ihr von dem Leid, was sie hier erlebt hatten und deswegen wäre der Entschluss gekommen nach Ostpreußen auszuwandern. Sie konnte es kaum erwarten bis es endlich los ginge. Alles dachte sie sich sehr schön aus und ahnte nichts von den Qualen der Großen. Sie sah nur das Fremde und Neue. Als die Mutter sie im schwankendem Wagen auf den Arm nahm und von dem bösen Fürsten mit dem lieblichen Namen Hyazinth erzählte, hörte sie doch zu. Wenn sie auch längst nicht alles verstand, merkte sie doch, dass Ostpreußen viel, viel weiter entfernt war als sie es geglaubt hatte.

Als dein Bruder Fritz geboren wurde regierte in den Ämtern Wilnsdorf, Netphen und ein großer Teil vom Amt Weidenau der grausame Fürst Hyazinth. Er war ein böser Feind von uns Reformierten und wollte uns alle wieder katholisch machen. Aber auch seine katholischen Untertanen litten unter seiner Herrschaft, denn er forderte zehnmal mehr Steuern als sein Vater. Er lebte verschwenderisch und war eitel. Zu einer Vergnügungsreise nach den Niederlanden brauchte er wieder Geld. Da begannen seine Untertanen in Weidenau sich offen zur Wehr zu setzen. Sie weigerten sich die ungerechten Steuern zu bezahlen. Sofort ließ er den Vorsteher und einige andere Rädelsführer ins Gefängnis werfen. Als er später erneut versuchte Geld gewaltsam einzutreiben, rottete das Volk sich zusammen. Zum oberen Schloss nach Siegen zogen 600 Mann, um die Gefangenen zu befreien. Der Fürst ließ auf die Männer schießen. Von den dreien, die schwer verwundet wurden starb einer. Ja, Mathildchen so schrecklich ging es damals im Siegerland zu. Deswegen hatten wir uns auch für den mühsamen Weg nach Ostpreußen entschieden.

Das Kind sah alles vor sich. Die Mutter erzählte ihr auch von der ganz schlimmen Geschichte und zwar von der Enthauptung des ehrlichen und tapferen Friedrich Flender aus Weidenau vor der Haardt, den sie einen Rädelsführer nannten. Dieses geschah alles ohne ein gerichtliches Verhör. Die Grausamkeit war nicht mehr zu überbieten, denn sie steckten den Kopf auf einem Spies auf dem Krebs zur Schau.

Friedrich Flender schrieb an seinem Todestag am 29. März 1707 noch einen berühmt gewordenen Brief an seine Frau. Flender war ein wahrer Christ. So schrieb er unter anderemDass mich doch noch bis zum letzten Augenblick Gottes und Ihrer Hoheit Gnade vertröste." Ihm zu Ehren gibt es in Siegen/Weidenau die Friedrich-Flender Schule. Der Unmensch Wilhelm Hyazinth wurde wegen dieser Grausamkeit als Fürst von Oranien vom Kaiser abgesetzt und aus Siegen verjagt. Doch die Unterdrückung der Reformierten ging weiter.

Da wurde die Mutter wegen einem gebrochenen Wagenrades, mit ihrem Erzählen, plötzlich unterbrochen. Der ganze Zug musste halten bis die Männer den Schaden beseitigt hatten. Da ging Mathilde zu ihrem Vater und wollte wissen wann sie endlich da wären. Ich wusste es selbst nicht, aber es dauerte bestimmt noch viele Wochen mein Kind. Falte oft deine Händchen und bete zu Gott, dass wir unser Ziel bald und sicher erreichen werden. Er konnte sich nicht groß um sie bekümmern, denn er musste die Pferde und die Wagen beobachten. Aber auch dass nicht Räuber plötzlich aus dem Gebüsch kamen und sie überfielen.

Mathilde hörte nicht mehr die Worte der Mutter, sie war längst eingeschlafen als es spät abends weiter ging. Sie hatte es aber verstanden, dass ihre Eltern jedes Jahr neuen Kummer und neues Leid ertragen mussten. Damit diese Gräueltaten der preußische Gesandte im Erzbistum Köln erfahre wurde alles von einem kaiserlichen Notar in Siegen festgehalten. Auch gingen reformierte Siegerländer zum Preußenkönig und erzählten ihm von ihrer Not. Land in Ostpreußen hatte uns der Soldatenkönig versprochen. Obwohl die Wagen in den holprigen Hohlwegen hin und her rumpelten war Mathildchen ganz fest eingeschlafen. Erst als zum Mittag Rast gemacht wurde wachte sie wieder auf.

Auch Schweizer zogen wegen ihrem Glauben in dies fremde Land nach Ostpreußen. Der König hatte bestimmt, dass von nun an nur noch tüchtige Bauern kommen dürften. Den König wollten wir nicht enttäuschen. Sie sollten die vom Krieg und der Pest verlassenen Häuser und Dörfer wieder herrichten. Aber auch die verwüsteten Felder sollten sie wieder fruchtbar machen, dafür bekamen sie das Land und die Häuser geschenkt. Futter für das Vieh und Mehl für die Menschen musste unterwegs gekauft werden, was sehr teuer war. Aus Wochen wurden Monate und der Weg war schier endlos lang. Im Sommer des Jahres 1715 erreichten sie endlich ihre neue Heimat.

Die schon vorher ausgewanderten Menschen standen zum Empfang bereit. Sie hatten finstere Gesichter und sahen nicht wie glückliche Menschen aus. Sie jammerten und stöhnten und berichteten von den Unterdrückungen durch die adeligen Beamten. Da stand Mathildes Vater auf. Er war ein großer und starker Mann mit tiefer und lauter Stimme. „Wir müssen zusammen halten und standfest bleiben Freunde! Die Söhne adliger Gutsherren dürften uns nicht zu unseren Schaden richten. In Leibeigenschaft gehen wir niemals. Sie können uns die vom König zugesicherte Freiheit nicht entreißen! Bleibt Fest! Freunde! Bleibt fest!" Mathilde war stolz auf ihren Vater, dem alle zujubelten. Die Bauern von Ostpreußen waren noch hörig und die Siegerländer sollten es auch werden. Wenn wir wie unser Vater alle dagegen sind, schaffen es die herrischen Adeligen nicht.

Hart war die Arbeit und zwar vom Aufgang der Sonne bis zu ihrem Untergang. Auch das kleine Mädchen musste schon mit anfassen. Im Laufe der Zeit begriff es auch den Sinn des Lebens in diesem Land. Immer wieder versuchten die Herren die Eingewanderten zu bedrängen und wollten ihnen neue Lasten aufbürden. Doch Mathildes Vater, der zum Führer der Siegerländer geworden war, blieb felsenfest und ging keinen Schritt zurück. An ihm richteten sich die anderen immer von neuem auf. Seine Standfestigkeit trug den Sieg davon. Dabei waren viele Jahre vergangen. Aus Mathilde war eine stattliche Frau geworden und aus ihrem Vater ein Greis der immer noch aufrecht dahin schreitete und um alles in der Welt nicht bereit war einen Meter zurück zu gehen. Seine Ahnen hatten vor 150 Jahren die Befreiung von der Leibeigenschaft erhalten. Sie, die Nachkommen müssen dieses köstliche Gut mit aller Gewalt erhalten.

Als Mathilde zum Traualtar geführt wurde läuteten alle Glocken im Land. Sie kündeten aber nicht nur von ihrem persönlichen Glück. Sie sollten allen in der Siedlung kundtun, dass der König sich zu Gunsten der Siegerländer entschieden hatte. Die alle Freiheiten bekommen sollten. Da faltete Mathilde die Hände und sank auf die Knie. Sie dachte zurück an die Zeit vor 17 Jahren an alles Leid was war und nun vorbei sein sollte. „Der Herr hatte alles wohl gemacht. Ihm sei Lob und Preis und Dank!"

Literaturnachweis :

Emil Meinhardt : Siegerländer Auswanderer in Ostpreußen
Albrecht Heider : Die kirchlichen Verhältnisse des Siegerlandes
www.lagis-hessen : Hessische Biografie
Google : Siegen pulsiert

Die Fahnenflüchtigen von Obersetzen

Es war ein Jahr vor Beginn des ersten Weltkrieges, also im Jahre 1913, wo auf den Bergen überall Feuer angezündet wurden. Die Feuer sollten daran erinnern, dass Napoleons Herrschaft vor 100 Jahren beendet worden war. Auch im Siegerland brannten viele solcher Feuer. In dem kleinen Örtchen Obersetzen leuchteten auch bei Dunkelheit die Flammen auf der Bergeshöhe.

Obersetzen war 1913 ein kleines Dörfchen und hatte 310 Einwohner. Weder Wasserleitung noch Gasanschluss waren vorhanden. Es lag abseits der Heerstraße und kein Omnibus oder Straßenbahn durchquerten den idyllischen Ort. Es lag versteckt hinter den Bergen in einem stillen Winkel, nur mutige Wanderburschen lernten das saubere Dörfchen und seine Bewohner kennen. Bis zur kommunalen Neugliederung im Jahr 1966 gehörte der Ort zum Amt Netphen und wurde am 1. Juli 1966 ein Stadtteil der neuen Stadt Hüttental. Seit dem 1. Januar 1975 gehört Obersetzen zu Siegen.

Dabei machte man sich Gedanken, was sich seinerzeit hier abgespielt hatte und wie es ausgesehen hatte. Einige Soldaten aus dem Krieg 1870/71 berichteten ihre Erlebnisse, aber auch was sich im Dorf zu ihrer Lebzeit und davor ereignet hatte. Da kam bei vielen die Erzählung von Siebels Patte wieder in Erinnerung, die sich vor 100 Jahren in Obersetzen ereignet haben sollte. Siebel war ein etwas verwachsener, treuherziger und glaubwürdiger alter Mann, der längst unter dem Rasen ruhte.

Die Geschichte begann folgendermaßen: „Als Napoleon der 1. den Angriff auf Russland vorbereitete mussten auch Siegerländer dem Stellungsbefehl Folge leisten. Sie sollten sich in der Hauptstadt des Großherzogtums Bergen, wo auch das Siegerland zugehörte, melden. So machten sich auch Stutte und Siebel aus Obersetzen 1813 auf den Weg Richtung Westen nach Düsseldorf." Siebel sagte: „Was Gutes wird der Großherzog nicht vorhaben. Napoleon wollte gegen Russland ziehen und die wehrfähigen Männer seiner Nebenländer mit in den Krieg nehmen." „Napoleon würde wohl nicht so dumm sein und sein Heer in das weite Eisland führen, das kaum ein Mensch kannte", antwortete Stutte.

Hören und sehen verging den beiden als sie so viele Menschen in Düsseldorf sahen. Sie fragten nach der Kaserne, wo sie in das Heer eingegliedert werden sollten. Sie bekamen keinen Bescheid wohin die Reise ging. Alle Leute sprachen in der Stadt vom Krieg gegen Russland. „Itz awer ab durch de Hembern," flüsterte Stutte seinem Freund zu. Sie entfernten sich und eilten durch das Gebirge der Heimat zu. Übrigens gab es viele Deserteure zu jener Zeit. Am übernächsten Tag gelangten sie über den Haardter Berg spät abends in ihr Dörfchen. Eine Nacht blieben sie, nachdem sie beraten hatten, wo sich verstecken könnten.

Noch bei Dunkelheit in aller Frühe brachen sie am anderen Morgen, jeder mit einem Sack voll Esswaren und Geräten auf. Sie schlichen ganz leise und unbeobachtet aus dem Dorf. Sie gingen auf die Kuhställe zu, dann durch ganz dichtes Gestrüpp in die Fuchsesdelle, wo sie ihre Säcke abstellten. In einem ganz versteckten Schürfloch richteten sie sich soweit wie möglich wohnlich ein. Nur bei Dunkelheit ließen sie sich vom Hirte Michael alles Mögliche bringen. Nur er kannte dieses hervorragende Versteck der beiden Fahnenflüchtigen. Er brachte ihnen jeden zweiten Tag über einen anderen Weg etwas zu essen. Aber auch Neuigkeiten aus dem Dorf und vom Weltgeschehen übermittelte er ihnen. Er wusste nicht viel, aber dass Napoleons Riesenheer den Weg nach Russland angetreten hatte.

Eines Abends erschien Michael schon sehr früh bei den beiden und sprach: „Versteckt euch gut sie suchen euch nämlich. Als die vier Häscher die Ausreißer in Obersetzen nicht trafen, stachen sie mit ihren Bajonetten ins Heu und schoben eure Eltern im ganzen Haus vor sich her. Sie brachten das ganze Dorf in Unruhe. Schließlich schossen sie ins Stroh und wollten die Eltern der beiden Fahnenflüchtigen erschießen. Eure Eltern wurden anschließend schleunigst in Sicherheit gebracht.“

Den Bericht vom Hirten hörten die beiden wutbebend an. Als sie aber hörten, dass die schlimmsten zwei dieser Menschenschinder über den Berg nach Kredenbach wollten, um hier einen Flüchtigen zu suchen, beschlossen Stutte und Siebel die beiden Haudegen zu beseitigen. Als der Hirte weg war, nahmen sie Säbel und Gewehr und eilten durch das enge Gesträuch auf die Höhe, von wo man das Ferndorftal sehen konnte. Hier schlichen sie sich, wo sie bestens Bescheid wussten, auf den Pfad der von Obersetzen nach Kredenbach führte und warteten auf die französischen Häscher.

Die zwei französischen Menschenschinder waren nie in Kredenbach angekommen. Noch vor fünfzig Jahren standen zwei Fichten nebeneinander auf der Kredenbacher Höhe. Dieses musste 1885 gewesen sein, denn dieser Bericht wurde 1935 erstellt. Die Leute sagten ein Franzosengrab würden die zwei Fichten bedecken. Es wurde geforscht und geforscht aber man fand keine Spur von den beiden Franzosen, aber auch nicht von Stutte und Siebel, die in ihrer Höhle weiter hausten und sich über den Untergang des Franzosenheeres von Hirten berichten ließen.“

Übrigens war 1813 ein ganz verheerendes kriegerisches Jahr, was man auch im Siegerland überall zu spüren bekam. Denken wir nur an die Völkerschlacht bei Leipzig, wo über 90 000 Soldaten und unzählige zivile Opfer innerhalb von nur vier Tagen starben. Es waren vier Tage, die die Welt erschütterten und die bisher größte Schlacht der Menschheitsgeschichte. Zunächst waren in diesem Jahr viele Franzosen im Siegerland, die große Unruhe in die Bevölkerung brachten. Dann kamen tausende Russen und Kosakenheere, die im Siegerland übernachteten und sich einquartierten. Und immer wieder kamen neue Soldaten und suchten Quartier und mussten verpflegt werden. Ja es war schon eine undurchdringliche Zeit.

Die Erzählung von Siebels Patte ging folgendermaßen weiter: „Wenn auch die Zeit der Franzosen langsam im Siegerland zu Ende ging, hatte Napoleoum oder besser gesagt seine Leute immer noch die Spürnasen im Lande.“ Der Hirte Michael hatte eines Tages in Buschhütten mehr getrunken als er vertragen konnte. Er wurde redselig und sagte immer: „ Ech weiß noch wat.“ Nach langem hin und her gab der Hirte endlich Auskunft über die beiden Obersetzer. Da merkte er was er angerichtet hatte, aber es war zu spät.

Kurz darauf kam aber die erfreuliche Nachricht für die Preußen, dass die Franzosen unser Heimatland verlassen hatten. Nach langer Zeit wagten sich Stutte und Siebel auch wieder in ihr Dorf. Sie sind dann mit vielen anderen Siegerländern bis ins Franzosenland gegen Napoleon gezogen. Dort hatten sie tapfer gegen die Franzosen gekämpft. Es konnte niemand sagen, sie hätten sich aus Angst vor dem Kriege so lange in ihrem Versteck gehalten.

Literaturnachweis:

www.rowohlt.de: Völkerschlacht 1813
Dr. Lothar Irle: Fahnenflucht
Wikipedia: Obersetzen
Hermann Engelbert: Hinterhüttische Chronik
Stephanie Reekers: Die Gebietsentwicklung der Kreise …
Otto Schaefer: Der Kreis Siegen

Fronarbeit Ende des 17. Jahrhunderts im Siegerland

Die Klänge der Orgel verhalten im Frühjahr 1690 in der Nikolaikirche zu Siegen und der Gottesdienst war beendet. Der Hammerschmied Ludwig Fick klappte sein mächtiges Gesangbuch zu und ging nach draußen. Dabei schaute er noch einmal nach oben zu den hohen Spitzbögen, worüber eine fünfklassige Lateinschule für Knaben war, die über einen 72 stufigen Treppenturm zu erreichen war. Ficks Name stand auf einem Messingschild auf einer Bank in der Nähe der Orgel. So wie er hatten auch seine anderen Zunftgenossen ein Namensschild auf einer Bank in der Nähe der Orgel. Denn durch die ständigen Hammerschläge waren ihre Ohren langsam taub.

Fick hatte ein weißes Schurzfell an und einen großen Funkenfänger auf dem Kopf. Mit weißen Strümpfen und den blanken Schnallenschuhen sah er richtig stattlich aus. Als er durch das Marburger Tor schritt, klopfte ihm jemand auf die Schulter. Er trete sich um und sah Henrich Heimberger von Seelbach. Du hattest dich doch bestimmt vertan, denn dein Weg führte doch durchs Kölner Tor.

Heute nicht, denn ich muss nach dem Hofmann zu den Fusselbacher Hof und ihn wegen den Frondiensten, die auch Herrendienste genannt werden, Bescheid geben. Dann gehe mit mir über Buschgotthardshütten. Meine Frau wird wohl so viel auf den Tisch bringen um dich zu sättigen.

Der Heinberger willigte ein und sie gingen über den Kampen nach Buschgotthardshütten. Sie schritten über die neu erbaute Steinbrücke nach Buschgotthardshütten. Fürst Johann Moritz hatte sie bauen lassen, damit der Hammer auch bei Flutzeiten mit einem Fuhrwerk zu erreichen war. An den Häusern sah man, dass der Wohlstand nach dem Krieg bei den Hammerschmieden wieder eingekehrt war. Besonders schön grüßte das Haus, welches Ficks Großvater 1619 erbaut hatte.

Der Tisch war schon gedeckt und die feinen weißen Tischleinen mit dem Zinngeschirr kündeten den Wohlstand der Besitzer an. Zu dem reichhaltigen Essen trank man würziges Bier aus einem Glas. Nachdem sie noch einige Schlucke genommen hatten sagte Fick ihr wolltet also nicht zum Frondienst gehen. Von wollen war keine Rede, unser Vieh war krank und wir dürfen doch die Seuche nicht aus dem Ort bringen. Ihr Hammerleute braucht weder Hand– noch Spanndienst zu leisten, ihr ward fein raus. Ja, die Hammerleute gehörten zu den wenigen, die keine Herrendienste zu leisten hatten und seit fünf Jahren brauchten sie nicht einmal am Jagddienst teilzunehmen. Aber unsere Zunft muss dem Fürsten auch jährlich 100 Gulden und 300 Taler zahlen. Aber wir hatten es ja auch.

Sie hatten gut gegessen und Heimberger machte sich auf den Weg nach Herr von Seelbach. Was willst du am Sonntagnachmittag bei mir fragte dieser. Morgen erwarte ich dich mit drei Pferden, vier Ochsen und zwei Pflüge zum Herrendienst. Nein mein Vieh wurde verhext, es hatte die Seuche und deswegen komme ich morgen nicht. Hofmann nahm den Hut und wollte gerade gehen und sah dabei dem fürstlichen Jäger ins Gesicht. Euer Vieh ist verhext also hatten die Burschen mehr Zeit. Sie sollen Dienstag zur Treibjagd kommen, aber Schaufel und Hacke mitbringen. Dann könnten sie nachmittags den Fischweiher wieder in Ordnung bringen der im Winter sehr gelitten hatte.

Ich müsste noch durch den Tiergarten gehen und nach dem Rechten sehen. Heinberger, ihr könntet bis zur Lusteiche mit mir gehen, dann könnten wir noch alles Weitere besprechen. Sie schritten über den Kutschenweg an der Rossmühle und am Weinkeller vorbei. Nachdem sie noch einiges besprochen hatten, trennten sich ihre Wege in der Hermelsbach.

Hofmanns Frau wirtschaftete mit zwei Mägden im Herrenhaus. Kämen am anderen Morgen die Diener vom Schloss, hätten sie noch viel zu tun. Der Hofmann stand in dieser Zeit vor seinem männlichen Gesinde. Nach Clafeld schickte er einen Knecht. Er sollte den Bauern sagen dass diese und nächste Woche kein Holz abgefahren würde um das Wild nicht in Unruhe zu bringen. Den Kuhhirten befahl er die Kühe unterhalb des Kutschenweges zu hüten, damit die Herrschaften, wenn sie vorbei fuhren sich an dem Geläut erfreuen könnten. Den Schweinehirt verbande er ins Haardtchen.

Er ging nun in seine Rechenstube, wo ihm eine schwere Arbeit mit dem Gänsekiel erwartete. Es wäre nämlich zu erwarten, dass der Landesherr sich die Jahresabschlussrechnung vorlegen lassen würde. Darum musste er alle Eintragungen ergänzen und überprüfen. Wir schauten ihm heimlich (sinngemäß) über die Schulter und lasen was uns wichtig und interessant war.

Die Dienstleute waren: Der Hofmann und seine Frau, zwei Knechte, drei Mägde, ein Schäfer und ein Hilfsschäfer, ein Kuhhirt und ein Schweinehirt.

An Vieh wurde auf dem Hof gehalten: 70 Rindvieh, davon 35 Milchkühe, 210 Schafe, davon 29 Lämmer und 33 Schnittschafe, welche die fürstlichen Untertanen abgeliefert hatten. 128 Schweine, darunter 42 abgelieferte von den fürstlichen Höfen zu Merklinghausen, Ginsberg und Lohe. 1 blindes Pferd zum treiben der Rossmühle und 2 Zugochsen. 152 Hühner, dazu 613 vom Land, jedes Haus musste jährlich 2 Zinshühner liefern.

An Ernte wurde eingefahren: 30 Malter Roggen, 15 Malter Gerste, 90 Malter Hafer und 73 Malter Buchweizen (ein Malter waren 1,5 Zentner).

An den fürstlichen Hof in Siegen wurde geliefert: Für 101 Reistaler und 30 Albus = Butter, Schmand und Milch. Weiterhin 5000 Knippkäse und 131 Maß Milch für junge Hirsche und Wülfe (junge Hunde). 160 Maß Milch an Bäcker Fries zum Backen von Weißbrot für die fürstliche Tafel. 2261 Eier. 4 Maß Butter an Apotheker Trainer zur Herstellung von Arzneien. 50 Hinkel während der Krankheit des Fürsten. 1 Malter und 8 Mester Hopfen an Bäcker und Brauer Fries. 2500 Garben Stroh zum Decken des Oranienhauses. 35 Pfund Kernflachs und 50 Ellen grobes Tuch.

Die fürstliche Verwaltung lieferte auf das Gut: 15 Mesten Salz, 113 Pfund Fleisch, 76 Pfund Fett, 1 Pfund und 5 Lot Pfeffer, 5 Maß Weinessig, 4 Maß Trau, 13,5 Maß Rüböl zum Kochen und auf die Lampen, 2 Mester Hirse und 12 Bogen Papier, sowie Heu und Grummet von den fürstlichen Wiesen in Niederschelden und Geisweid.

Das Dorf Hilchenbach befreite sich am 1. Mai 1687 von den Frondiensten. Es erkaufte sich für 6200 Reichstaler Fleckenrechte. Es hatte seinerzeit 77 Häuser und somit mussten 80 Taler für jedes Haus gezahlt werden. Es war nach Siegen der zweite Ort im Siegerland, wo die Bürger keinerlei Herrendienste mehr zu leisten hatten. Solche Freiheiten hatten sich ebenfalls auch die Freudenberger erkauft.

Fronarbeit bzw. Herrendienst war seinerzeit eine unentgeltliche Dienstleistung der Untertanen. Man nannte sie auch Sklaven- oder Zwangsarbeit. In Preußen hat die Aufhebung der Fronarbeit 1807 durch die Bauernbefreiung begonnen. In anderen deutschen Ländern ist sie erst durch die Revolution 1848/49 beendet worden.

Literaturnachweis:

Hermann Eberhardt : Die Nikolaikirche zu Siegen
Hermann Freudenberg : Herrendienst um 1690
Georg Fiedrich Knapp : Die Bauernbefreiung und der Ursprung der Landarbeiter Uni-
Heidelberg : Fronarbeit
Der Volksbrockhaus : Bauernbefreiung
Hermann Engelbert : Hinterhüttische Chronik

5. Die ersten Christen im Siegerland

Die ersten Christen im Siegerland

Die Anfänge der Kirchengeschichte sind im Siegerland in Dunkel gehüllt. Um die Mitte des 8. Jahrhunderts waren wohl die ersten Glaubensbrüder von Wittgenstein und dem Hessischen aus in die Täler des Siegerlandes herüber gewandert. Sie hatten keine schwere Aufgabe, denn im Süden und Westen unseres Vaterlandes war das altgermanische Heidentum schon aufgeweicht, wie wir es aus manchen Missionsberichten kennen. Im Wasser unserer Sieg wurden wohl die ersten unserer Vorfahren auf den dreieinigen Gott getauft.

Gering waren damals die Zahlen der Ortschaften und Siedlungen sowie die Einwohner gewesen. Alle Orte, deren Namen auf Bach, Hausen oder Hütten endeten, waren erst später gegründet worden. Der Fluss, die Ferndorf teilte einst das Siegerland in zwei Kirchspiele und zwar in Siegen und Netphen. Im Mittelalter sind von Siegen dann Krombach, Ferndorf, Oberfischbach, Oberholzklau, Wilnsdorf und Rödgen abgetrennt worden. Irmgarteichen und Hilchenbach wurde von Netphen abgezweigt. Später wurde dann noch Müsen von Ferndorf und Freudenberg von Oberholzklau ausgepfarrt. Der Hickengrund und der Freie Grund gehörten zum Kirchspiel Haiger.

Nun noch eine christliche Geschichte, die sich in Netphen ereignet haben sollte. Vor Gerwins Gehöft hielt ein Wagen. „Woher kommst du Lutzo und was bringst du uns Neues mit?," fragte der Alte. „Ich komme aus dem Frankenland und habe viel Neues erfahren, das euch in Staunen versetzt," antwortet der Sohn. „Redest du von der Lehre, die sie aus dem Judenland gebracht hatten, dann schweig lieber. Donar zerschlage sie mit dem Hammer wenn sie in das Land der Sieg kommen." „Donar zerschlägt niemanden mehr, denn er ist tot. Das hatte man deutlich in Geismar gesehen. Winfried fällte die Donareiche und keine Götter zerschmetterten ihn".

„Wolltet ihr denn auch im Siegerland die Götter so beleidigen die uns nichts Böses getan hatten?" kam aus dem Munde von Gerwin. „Es gab keine Götter es gab nur einen Gott, der die Erde mit allem Leben geschaffen hatte. Er hatte seinen Sohn auf die Erde geschickt und dieser hatte sich von den Juden für uns totschlagen lassen," war die Antwort.

Da plötzlich tauchte sein zweiter Sohn Konrad auf, worauf er so lange sehnsüchtig gewartet hatte. Sie begrüßten sich so herzlich, als wollten sie sich gar nicht mehr loslassen. Er kam nicht als Jäger oder Kriegsmann sondern in einem fremden

Gewand. „Vater der alte Konrad bin ich nicht mehr. Ich wurde Bruder Paulus genannt. Die Taufe empfing ich und den Göttern hatte ich ade gesagt". „Wodan beschütze mich, mein Sohn hatte den Glauben verloren. Donar, ziehe deine Blitze weg von uns," war die Antwort des Vaters. „Vater, der Gott der Himmel und Erde erschaffen hatte beschützte uns. Die alten Götter lebten nicht mehr, sie sind in nichts zerfallen, sber der Gott an den wir glauben lebte."

Kopf schüttelnd stand Gerwin da und sprach: „Eine neue Welt war angebrochen. Ich war zu alt dieses zu verstehen. Das Gastrecht wollte ich dir nicht verweigern, wenigstens für eine Nacht. Deswegen komm herein, Konrad du könntest ja morgen weiterziehen." Auch die fremden Brüder die draußen noch standen wurden später ins Haus gelassen und bekamen zu essen. Konrad erzählte seinem Vater von den Fahrten und Ereignissen, die er erlebt hatte und dieser hörte ihm noch lange zu.

Am anderen Morgen strahlte die Sonne wie an den Tagen zuvor und das Haus war nicht zertrümmert. Da bat Gerwin die Gäste noch zu bleiben und von ihren Erlebnissen zu erzählen sowie von dem Gottessohn, den die Juden ans Kreuz geschlagen hatten. So vergingen die Tage und es kamen immer mehr Neugierige um die Fremden zu hören. Stolz blickte der Vater auf seinen Sohn Konrad, denn die Fremden bewunderten ihn und nannten ihn Paulus. Als nun die Gäste nach Siegen zogen, hatte sich eine kleine Gemeinde gebildet. Sie kamen Sonntag für Sonntag auf Gerwins Hof um etwas von Paulus und seinen Begleitern über Gott zu hören. Auch in Siegen hatte sich eine Christengemeinde gebildet die immer größer wurde.

Gerwin war inzwischen verstorben. Da Konrad als einziger Sohn noch lebte bekam er den Hof. Er wollte keinen Acker bestellen, Konrad zog lieber durch das Land und verkündigte die Gotteslehre. Deswegen behielten die Christen den Hof gemeinsam. Auf einem seiner Felder bauten sie ein schlichtes Gotteshaus aus Holz, wo sie immer zusammen kamen. Dem Pater stand Gerwins Haus zur Verfügung. Es kamen immer mehr Leute und sie rissen das Kirchlein ab und bauten eine große Kirche mit einem Turm aus Steinen. Von dem Läuten dieser Glocken riefen sie die Christen herbei.

Nicht nur Bäume sondern auch Berge hatten im Siegerland, bei den Germanen, Götternamen bekommen. So wurde der Kindelsberg, der zwischen Müsen und Littfeld lag, einst Wodansberg genannt. Die Christen wollten ihren Heiland genau so verehren und nannten diesen Berg Anfang des 9. Jahrhunderts „Berg des

Christuskindlein. Wegen der langen Schreibweise wurde hieraus später der Name Kindelsberg.

Kleine einfache Holzkirchlein baute man für die Versammlungsorte, später sind diese aus Bruchsteinen ersetzt worden. Zahlreiche solcher Kapellen sind in vielen Orten errichtet worden. Das ganze Mittelalter hindurch wurde das Siegerland und Wittgenstein von dem Dechanten in Arfeld verwaltet, der zeitweise auch in Netphen wohnte. Dieser unterstand der geistlichen Gerichtsbarkeit zu Amöneburg, dessen Bezirk zum Erzbistum Mainz gehörte.

Das Mittelalter brachte noch weitere kirchliche Einrichtungen im Siegerland hervor und zwar das Männerkloster der Franziskaner in Siegen. Auch das Nonnenkloster der Prämonstratenser (nach dem Gründungsort Prémontré in Frankreich genannt) in Keppel. Aber auch verschiedene losere Formen religiösen Gemeinschaftsleben kamen vor.

Schwere Kämpfe die das Mittelalter bewegten, z. B. zwischen Papsttum und Kaisertum, zwischen den verschiedenen Mönchsorden und zwischen den kirchlichen Parteien hatten das abgelegene Siegerland kaum berührt. Aber über ein anderes Ereignis wurde uns berichtet. Wilnsdorf (und wahrscheinlich auch andere Orte) wurden zerstört, weil die Ketzer Schulen errichtet haben sollten.

Literaturnachweis:

Albert Heider: Die kirchlichen Verhältnisse des Siegerlandes
Google: Die Götter des Siegerlandes
Lothar Irle: Die Christen kommen
Google: Von Sagen und Legenden umwoben
Erwin Krämer: Zeittafel

Aus dem armen Kirchlein wurde ein reiches Kloster

Stift Keppel wurde erstmals 1239 in einer Urkunde erwähnt. Darin übertrug Graf Heinrich II. der Reiche von Nassau auf Bitten seines Lehnsmannes Friedrich von Hain dem Kloster die Einkünfte des Netpher Kirchspiels St. Martini.

Das Fräulein von der Hees sagte: „Das Glöckchen läutete uns heute nicht zur Freude des Lebens. Denn strengen Besuch sollte uns dieser schöne Sommermorgen bringen." (Denn auf der ältesten Glocke des Klosters, die aus dem 13. Jahrhundert stammte, stand in Deutsch übersetzt „Wenn ich gezogen werde, höret, ich rufe euch zu Freuden des Lebens.") „Wenn man dich so reden hörte, könnte man Schlimmes erwarten. Wer sollte denn kommen?" fragte das Fräulein von Seelbach. „Unser strenger Vater, der Abt von Arnstein meinte, dass wir als Glieder des würdigen Ordens der Prämonstratenser strengere Sitten achten möchten. Er schickte uns seinen Visitator, der uns arme Täublein zurecht weisen sollte!" war die Antwort. Visitator war ein Beauftragter des Papstes der mit besonderen und umfassenden Befugnissen ausgestattet war.

Auf der Straße von Verentref (Ferndorf) zogen zwei Reiter herbei denen ein Tross Knechte folgte. Der eine trug ein schlichtes Klosterkleid und wurde von einem Amtmann begleitet. Der Mönch blickte fröhlich in den herrlichen Morgen. Als ihm nun leise Töne vom Keppler Glöcklein ans Ohr drangen, zog ein Schatten über sein Gesicht als wäre er an seine Pflicht erinnert worden.

Der Gesandte fragte den Amtmann: „Wie war es eigentlich zu der Gründung des Klosters Keppel gekommen?" „Eine Kapelle sollte schon lange hier gestanden haben wo jetzt das Kirchlein stand. Der Name des Nachbarortes Heylichinbach (Hilchenbach) verrät schon, dass hier ein frommes Völklein im Tale wohnte. Der Ritter Friedrich von Hain, der Trierer genannt, wurde von einem angeschossenen Eber angefallen und schwer verletzt. In einem elendigen Zustand brachten ihn seine Begleiter nach Hause in seine Burg. Sein jüngstes Töchterchen, was nicht von seiner Seite wich, legte ein Gelübde ab. Gott wenn du meinen Vater wieder gesund werden lässt, will ich ihn bitten dir zu Ehren ein Kloster zu bauen worin ich die erste Nonne werde. Gott erhörte das Gebet, der Ritter kam wieder zu Kräften und das Gelübde des Töchterchens musste erfüllt werden.

Das Fräulein von Hain bat nun darum, dass das Gotteshaus neu in stand gesetzt werden sollte und einige Zellen für Nonnen angebaut würden, damit es nicht alleine wäre. So geschah es auch. Die Schmiede, die Bauern sowie die Bergleute des oberen Ferndorftales segneten die Frauen von Keppel. Diese schlossen ihre Schützlinge immer in Ihr Gebet ein. Armes Kirchlein von Keppel hatte der

Erzbischof von Mainz öfters gesagt. Eine Feuersbrunst zerstörte das Keppler Kirchlein und das Kloster 1260 und die Nonnen waren obdachlos.

Der Neubau ging über die Mittel des Ritters von Hain. Da halfen die übrigen Rittergeschlechter des Siegerlandes mit, denn das Kloster bot ja auch ihren unverheirateten Töchtern einen Zufluchtsort. Daher fanden sich bei den Konventualinnen häufig die Namen von und zu der Hees, von Seelbach-Lohe, von Meschede, von Bicken, von Schnellenberg usw.. Der Bau von Kirche und Kloster wurden 1275 neu geweiht. In dieser Gestalt ist uns die Kirche bis heute erhalten geblieben.

Aus dem armseligen Kirchlein wurde mit der Zeit ein reiches Kloster. Es hatte das Patronat über die Pfarrkirche in Netphen und ließ sich den Zins bringen aus den Dörfern Fronhusen, Herthusen und Sohlbach. Der Ritter von Wilnsdorf und seine fromme Frau Gertrud schenkten dem Kloster ihre Landgüter zu Langenholdinghausen. Von den Grafen von Nassau wurden sie mit einer Mühle in Heylichinbach beschenkt. Schätze aus dem Müsener- und Gosenbacher Bergbau bekamen auch die Frauen von Keppel. Der Glöckner von Biedenkopf vermachte ihnen sein Haus. Renten von Siegener Häusern übergab der Sohn des Bürgermeisters von Siegen. Aber auch in Dillenburg, Hessen und Westfalen bekamen sie Besitz.

„Dort steht das Haus derer von Seelbach - Lohe", meinte der Amtmann, „Deren Name euch nicht unbekannt war. Denn gerade über das junge Fräulein von Seelbach war Klage zu dem hochwürdigen Herrn Abt gedrungen“. „Könnt ihr mir nicht mehr darüber sagen“, fragte der Visitator. „Ich weiß, dass die hübsche Gundel von Seelbach fleißig in die Brautkiste gearbeitet hatte. Sie hatte sich in einen Tragstuhl von zuverlässigen Knechten, nachdem sie den Schlüssel der Pförtnerin abgeschwatzt hatte, für eine Nacht nach Lohe bringen lassen. Der Hausschlüssel vom Kloster sollte schon mehrmals über Nacht abwesend gewesen sin. Auch war bekannt gewesen, dass des öfters Männer die geweihte Schwelle übertreten hatten.

Man sollte nicht zu strenge darüber richten. Wäre es nicht normal wenn der Jägersmann nach der Jagd vorbei ritt und ins Hifthorn stieße um der Baase in der Einsamkeit einen frohen Gruß zu schicken. Über einen frischen Braten freute sich die Klosterköchin. Zum Dank wurde dann dem Jägersmann ein kurzes Zwiegespräch mit der lieben Verwandten gegönnt. Daraus sollte man kein großes Vergehen machen. In den Klostermauern wollte man doch auch mal das Neuste von daheim wissen.

So seht ihr es Herr Amtmann. Aber, aber hat der Teufel erst den kleinen Finger, dann will er die ganze Hand haben. Er brachte Verordnungen mit, die den alten strengen Geist wieder ins Kloster bringen sollte. Bis die Zahl der Nonnen auf 24 gesunken wäre sollte keine mehr aufgenommen werden. Die aufzunehmende Jungfrau musste ritterbürtig sein. Bei der Aufnahme sollte sie 50 Goldgulden in das Klostersäckel zahlen. Weiter sollten noch 20 Ellen Tischlaken, 24 Ellen Leinen und 16 Ellen Handtücher für den Haushalt mitgebracht werden. Aber auch Geschenke mussten für die Schwestern mitgebracht werden. Mannspersonen durften das Kloster nicht mehr betreten und der Hausschlüssel sollte immer bei der Meisterin bleiben.

„Die geöffnete Pforte des Klosters wartete schon auf euch. Ich bin froh, dass ich die langen Gesichter der Nonnen nicht zu sehen bekomme", meinte der Amtmann. „Mit den Knechten reite ich nun für einen längeren Jagdaufenthalt zur Ginsburg und hole euch in drei Tagen wieder ab." Knechte und Amtmann ritten in den Wald hinein, aber der Mönch zum Kloster.

Literaturnachweis:

Charlotte Fessing: Das Stift Keppel
Wikipedia: Stift Keppel
Hermann Freudenberg: Die Frauen von Keppel
Wikipedia: Apostolischer Visitator

Was für Menschen wohnten zuerst im Siegerland

Es mag etwa 2600 Jahre her gewesen sein, als sich die ersten Bewohner im Siegerland ansiedelten. Was waren das für Menschen und wo kamen sie her? Um das Jahr 1000 v. Chr. erschienen in Süddeutschland Menschen, die ihre Toten verbrannten und die Asche in Urnen bestatteten. Mit Gefäßen von Speise und Trank für die Toten stellten sie diese nebeneinander mit den Urnen in den Erdboden ohne einen größeren Erdhügel darüber zu wölben. Durch so entstandene Urnenfelder erhielten sie den Namen Urnenfelderleute. Ob sie aus der Westschweiz oder von der Donau kamen ist nicht geklärt. Sie wanderten nach Norden und teilten sich an der Mainmündung in zwei Gruppen.

Nach Rückschlägen vereinigten sie sich wieder in der rheinischen Gegend und umklammerten das noch unwirtschaftliche Schiefergebirge. Einige von diesen Urnenfeldermenschen müssen um 600 v. Chr. Siegerländer Boden betreten haben. Nun begann eigentlich das Leben im Siegerland zu einer Zeit, die wir die Eisenzeit nennen. Denn die Urnenfelderleute, die mit dem Eisen schon vertraut waren, hatten das Metall was in dem Schoß in unseren Bergen ruhte, erkannt. Dass die Wirtschaft und die Geschichte unseres Landes bis auf den heutigen Tag mit bestimmten.

Sie begannen langsam auf den Bergspitzen gewaltige Wehranlagen zu bauen. Sie wurden auch Fluchtburgen genannt, weil sie die Verteidigungsplätze für kriegerische Zeiten waren. Die kluge Ausnutzung des Geländes, der gewaltige Umfang und die hohen Wälle der Burgen lassen erkennen, dass hier sehr intelligente Menschen am Werke waren.

Für die Herstellung solch einer Anlage waren viele Jahre, oft Jahrzehnte nötig. Sehr durchdacht lagen diese Wallburgen an Stellen um die wichtigsten Straßen in diesem Eisenland zu kontrollieren. Besonders schirmten sie das Gebiet noch Norden und Osten ab. Von dort erwarteten die Eisenleute wohl den Feind. Diese angreifenden Völker konnten nur Germanen gewesen sein. Was war wohl der Grund für solche gewaltige Anstrengungen die die Urnenfeldermenschen unternommen hatten? Es konnte nur das Erz gewesen sein was in unseren Bergen ruhte!

Diese frühen Eisenhüttenmänner fanden im Siegerland ein geradezu ideales Gebiet vor. Genügend Holz zur Verkohlung boten die dichten Wälder. In ganz geringer Tiefe, bzw. sogar an der Oberfläche fanden sie den Eisenstein. Durch die Wälder rannen Bäche und Flüsse und den Hängen hinauf blies der so erwünschte Wind. Leider war aber keine gute Verkehrsverbindung vorhanden, denn die Sieg eignete sich wegen ihres seichten Wasser nicht für schwere Transporte. Es ist nicht bekannt, dass Urnenfeldergräber auf Siegerländer Boden gefunden wurden.

Der unfruchtbare harte Boden und das rauhe Klima mag mit ein Grund gewesen sein, dass das Siegerland relativ spät besiedelt wurde. Dagegen hatten schon an Rhein, Main und Mosel Jahrhunderte früher Menschen gehaust. Sie bebauten den Acker, fischten im Strom, tauschten die Waren, hielten zusammen und nutzten den Fluss und verteidigten ihr Land vor anderen Völkern.

Das Gebiet der Urnenfelderleute war also sehr bedroht, es erschien ihnen aber sehr wichtig und sie waren nicht gewillt, es durch Weiterwanderung einfach aufzugeben. Dichte Wälder bzw. Urwälder bedeckten einst unser Land. Selten zogen über die Randhöhen, wo der Wald nicht so dicht war, wandernde Völker und Jäger an dem gewaltigen Urwald vorbei. Die Jäger verfolgten auch schon mal das Wild von der Höhe bis ins Innere des dichten Waldes.

Vereinzelt hatte man im Siegerland auch alte Steinwerkzeuge gefunden, z. B. am Kindelsberg, bei Achenbach und bei Kirchen. Ein Mehrzweckschaber aus Kieselschiefer in der Rothenbach bei Müsen aus dem Jahr 3000 v. Chr., (mittlere Steinzeit) oder Arbeitsäxte, die aus der Zeit um 2000 v. Chr. (jüngere Steinzeit) stammen in der Nähe der Grube Brüche und Grube Wilder Mann. Es wurde auch eine Bronzeaxt in Krombach, die aus 800 v. Chr. (Bronzezeit) stammen sollte, gefunden.

Aber es wollte keiner so richtig heimisch werden, bis die Urnenfelderleute kamen. Ab dieser Zeit konnte man erst von einer Besiedlung des Siegerlandes reden. Diese wurden später mit dem viel umfassenden Namen Kelten bezeichnet. Nicht nur Bodenfunde, sondern auch sprach- und siedlungsgeschitliche Überlegungen bezeugten den Gang ins Siegerland. Dieses bewies besonders Dr. h. c. Böttger. Fluren und Bächen gaben diese Kelten den Namen, so auch dem Fluss die Sieg. Rinnendes Wasser scheint die Bedeutung dieses Flussnamen zu sein. (Eine Quelle ver-siegt, vielleicht auch sick-ern). Nach dem Fluss führten das Land und die Stadt Siegen den Namen als lebendiges Überbleibsel jener Eisenhüttenleute.

Die Kelten gaben seinerzeit dem Eisen den Namen „eisarnos" oder „isarnos". Damit drückten sie aus, dass dieses Metall stark und heilig war. Sie haben auch Namen wie Eisernbach, Eisern und Eiserfeld gegeben, die sich bis in unsere Tage bewährt haben. Der Name Eisernhardt könnte auf eine Burg hindeuten, wovon aber noch keine Spuren gefunden wurden.

Der Weidenauer Studienrat und spätere Ehrendokter Hermann Böttger muss hier einmal lobend erwähnt werden, denn er hatte ein unerhörtes Pensum an geschichtlicher Literatur von der Siegerländer Frühgeschichte hervorgeholt und wunderbar ausgewertet.

Leider fehlen schriftliche Bestätigungen oder Nachrichten hierüber. Aus anderen Gegenden gab es schriftliche Beweise über diese Zeit und sie wurden von keinem als vorgeschichtlich empfunden. So wissen wir, dass 521 v. Chr. Budda sein reiches Vaterhaus verließ und ein Leben als Bettelmönch begann. Oder das die Juden 516 v. Chr., nach der Rückkehr aus babylonischer Gefangenschaft, den neuen Tempel in Jerusalem weihten und die altpersische Religion zu dieser Zeit gegründet wurde.

Wir haben gelernt, dass Kultur etwas anderes ist als Vermögen oder Paläste und Tempel, die innen mit Marmor und Gold verziert waren. Wir wissen heute, dass die Welt zum großen Teil von Kulturen geprägt wurde, die sich in dunklen Wäldern nördlich der Alpen entwickelten. Wir haben auch gesehen, dass unsere Heimat sehr spät und dann noch als Randprovinz eingestuft worden war.

Literaturnachweis:

Alfred Lück : Vom Eisen
Gustav Busch : Wer wohnte zuerst im Siegerland
Hermann Böttger : Siedlungsgeschichte des Siegerlandes
Heinz Behaghel : Die Eisenzeit im Raume des rechtsrheinischen Schiefergebietes
Erwin Krämer : Zeittafel zur Geschichte des Bergreviers Müsen
Helmut G. Vitt : Von den Eiszeiten zur Eisenzeit

6. Bedeutende Männer des Siegerlandes

Fürst Johann Moritz von Nassau-Siegen

Fürst Johann Moritz von Nassau-Siegen wurde am 16. Juni 1604 auf dem Stammschloss der Oranier in Dillenburg geboren, wo auch der berühmteste seines Geschlechtes, Wilhelm der Schweiger das Licht der Welt erblickte. Sein Vater Johann VII., der Mittlere genannt, erbte 1607 nach dem Tod Johann des Älteren. Siegen als selbstständige Grafschaft. So verbrachte Johann Moritz seine ersten Lebensjahre auf der Siegener Burg die sein Vater schon 1607 bewohnte. Ein eifriger Kriegsherr war sein Vater, der die Befestigungen von Siegen ausbauen ließ. So hatte Johann Moritz schon in frühster Jugend mancherlei militärische Anregung erlebt.

Der Knabe wurde schon sehr früh mit einem Erzieher zur Hochschule nach Herborn und später nach Genf geschickt. Sein Vater holte ihn aber schon 1618 zurück und schickte ihn nach seinem Bruder den Grafen Wilhelm Ludwig, der Stadthalter von Friesland war. Dort sollte er für die evangelische Sache der Niederlande kämpfen.

Als 16 Jähriger war Johann Moritz zum ersten mal auf einem Kampfplatz. Der Feldzug mit mehreren Fürstensöhnen von Oraniern ging gegen einen spanischen Heerführer nach der Unterpfalz. Ihnen war es ein Genuss, das Schmettern der Trompeten und das Gewieher der Pferde zu hören. Sowie im Zelt über die Geschichte Europas zu reden, deren Zug eine neue Wendung geben sollte, als der Krieg der Generalstaaten 1621 erneuert wurde. Wie Karl Gustav von Schweden und Friedrich Wilhelm von Brandenburg wurde er in eine Schule geschickt und zum Feldherrn ausgebildet. 1626 wurde er zum Hauptmann befördert und 1628 zum Oberst eines Regiments Wallonen.

Auf der Seite des Gegners in all diesen Kämpfen stand sein Bruder Johann der Jüngere. Er war aus welchen Gründen auch immer nach d Tode seines Vaters im Jahre 1623 zum Katholizismus übergetreten und begann mit der Gegenreformation im Siegerland. Dieses mag Johann Moritz die Teilnahme an den Kämpfen nicht leicht gemacht haben. Der Kampf gegen den Bruder ging auch um das Erbe. Als Kriegsgefangener wurde er verletzt nach Wesel gebracht. Dort besuchte Johann Moritz ihn und pflegte den Verwundeten. Zu einer Einigung über die Streitigkeiten kam es jedoch nicht.

Die Kämpfe der Niederlande ruhten 1630 und Johann Moritz konnte sein unterbrochenes Studium fortsetzen. Durch das Eingreifen von Gustav Adolf von Schweden im Jahre 1631, flammte der 30 jährige Krieg erneut auf. Johann Moritz war in einigen Kämpfen verwickelt. Besonderen Ruhm erwarb er sich bei der Wiedereroberung der holländischen Festung Schenkenschanz. Hierbei schloss er ein Leben lang Freundschaft mit dem brandenburgischen Fürsten Friedrich Wilhelm.

Anno 1580 war Brasilien an die Krone Spaniens gefallen. Schon damals richtete sich der Blick der Holländer auf das reiche Land. Man hoffte, das von den Spaniern schlecht besetzte Land in holländischen Besitz zu bekommen. Großen Gewinn versprach man sich wenn das Land vereinnahmt würde. Die Gesellschaft rüstete eine Flotte, man eroberte die Hauptstadt von Brasilien und machte große Beute. Trotz dieser Beute konnten sich die Holländer gegen die Spanier nur schwer behaupten. Da beschloss man einen Generalgouverneur mit großen Vollmachten nach Brasilien zu senden. Man glaubte keinen besseren zu finden als Johann Moritz, der von überall empfohlen wurde. Das Siegerland durfte er nach seinem Eingreifen 1632 für den evangelischen Glauben wieder gewonnen haben und sein Erbe war damit gesichert. So fuhr er als erster deutscher Fürst über den Ozean in die neue Welt des Kolumbus.

Im Januar 1637 erreichte Johann Moritz Brasilien. In sieben Jahre seiner Tätigkeit hatte er die Küstengebiete von der Mündung des Amazonenstromes bis zu Allerheiligenbai, also etwa 2000 km in niederländische Verwaltungen gebracht. Es waren sehr anstrengende Kämpfe und dem Fürst sind nie die versprochenen Mannschaften und Schiffe zur Verfügung gestellt worden. Im Mutterland wollte man es nicht einsehen, dass es erst große Opfer bedürfe, wenn man einen sicheren Gewinn erreichen könnte. Bis zur Hauptstadt Bahia konnte man nicht vordringen, da dem Fürst Streitkräfte und Schiffe fehlten. Trotz allem war der Erfolg bedeutend und Brasilien durfte als holländische Kolonie gelten. Die Könige des Kongos begrüßten den Fürst als Befreier vom portugiesischen Joch. Eine kostbare Silberschüssel erhielt er von einem König, diese schenkte er später der Nikolaikirche in Siegen.

Johann Moritz war der erste Europäer, der die kolonisatorische Arbeit auch von der kulturellen Seite auffasste. Er achtete darauf, dass die Eingeborenen sowie die eingeführten Sklaven menschlich behandelt wurden. Viele Prediger waren ihm gefolgt um die Seelsorge auszuüben. Trotz großer Erfolge und reicher Beute war die Gesellschaft mit Ihm nicht ganz zufrieden. Da die notwendigen, von ihm geforderten Mittel, zur Erhaltung des Landes nicht bewilligt wurden, entschloss er sich im Jahre 1644 zur Rückkehr.

Mit großem Bedauern sahen die Brasilianer, die Eingeborenen und die holländischen Kolonisten diesen Entschluss, als er am 11. Mai 1644 zum letzten Male durch die Moritzstadt ritt. Sein Geschichtsschreiber konnte nicht genug den Schmerz der Eingeborenen schildern. Mit lautem Wehgeschrei begleiteten Kähne den Fürst bis ins offene Meer. Man schrieb großes Lob über die wunderbaren Taten die er vollbracht hatte. Aber auch die Tadler fehlten nicht. Die Kolonie bot ihm zum zweiten Mal die Stadthalterschaft von Brasilien an. Aber Johann Moritz legte das Angebot ab, da man auf seine Bedingungen nicht eingehen wollte. Er trat wieder in holländische Dienste, wurde zum Generalleutnant ernannt und gab ihm die Kommandantur der Festung Wesel.

Johann Moritz wurde 1652 in den Fürstenstand erhoben, weiterhin wurde er in diesem Jahr zum Ordensmeister des Johanniterordens ernannt. Er hatte mehrfach die Gelegenheit sich in der äußeren Politik Brandenburgs zu betätigen. So hatte er 1657/58 bei der Kaiserwahl in Frankfurt die entscheidende Stimme für Leopold I. abgegeben. Nach England ging er 1661 als Gesandter Brandenburgs um ein Bündnis herbeizuführen, was ihm sehr schnell geglückt war. Er blieb bis zu seinem Lebensende Reitergeneral der niederländischen Staaten und zog noch als Siebzigjähriger ins Feld.

In den Jahren 1642 und 1645 war es ihm zu verdanken, dass der reformierte Glaube in Stadt und Landkreis Siegen erhalten blieb. In seinem Testament hatte er die Armen beider Konfessionen bedacht und nichts war im verhasster als die Verletzung des Andersgläubigen. Das Bild des Fürsten wäre nicht vollständig wenn wir nicht auch seine Künste und wissenschaftliche Tätigkeiten würdigten. Der französische Graf de Gliche meinte, dass der Graf ein vollendeter Weltmann gewesen wäre. Überall wo er war hatte er seine Spuren hinterlassen.

In Kleve hatte er sich an der schönsten Stelle des Bergentales einen in Siegen gegossenen Katafalk aufstellen lassen. Aber kurz vor seinem Tode änderte er den Beschluss, dass sein Leichnam in die von ihm gebaute Gruft seiner Ahnen in Siegen beigesetzt werde. Am 20. Dezember 1679 legte man ihn ins Bergental. Sein Sarg wurde später nur mit dem Großkreuz des Johanniterordens nach Siegen gebracht. Die Heimat hatte ihren Helden wieder.

Literaturnachweis:

Deutsche Biographie: Johann Moritz, Fürst zu Nassau-Siegen
Bayerische Staats Bibliothek: Leben des Fürsten Johann Moritz von Nassau-Siegen
Hans Kruse: Fürst Johann Moritz von Nassau-Siegen.
Stadtleben Kleve: Moritzgrab
Verlag Waxmann: Johann Moritz von Nassau-Siegen (1604-1679) als Vermittler
Reiseführer Kleve: Johann Moritz von Nassau-Siegen
Wikipedia: Johann Moritz (Nassau-Siegen)

Der bedeutende deutsche Pädagoge Adolph Diesterweg

Adolph Diesterweg, der bedeutende deutsche Pädagoge, wurde am 29. Oktober 1790 in Siegen geboren. Er war das siebte von acht Kindern eines Justizamtmanns. Da seine Mutter, eine geborene Dresler, sehr früh starb verband er sich mit seinem Vater umso herzlicher. Die Schulausbildung erhielt er in seiner Vaterstadt. Das Lernen fiel ihm nicht schwer und somit hatte er genug Zeit in Wald und Flur umher zu streifen.

1808 ging er nach Herborn und studierte dort Mathematik und Naturwissenschaften. Später wechselte er dann nach Tübingen. Da ihn die Vorlesungen nicht befriedigten, studierte er für sich selbst. Nach Beendigung des Studiums ging er 1811 nach Düsseldorf um den Ingenieur zu machen. Wegen Kriegsereignisse wurde die Prüfungskommission aufgehoben. Doch umsonst war seine Reise nicht gewesen.

In Elberfeld lernte Diesterweg den Institutsvorsteher Wilberg kennen und schloss mit ihm Freundschaft auf Lebenszeit. Die pädagogische Leistung Wilbergs machte auf ihn einen nachhaltigen Eindruck. Gegen seine anfängliche Absicht wurde er Lehrer und nahm als erstes eine Hauslehrerstelle in Mannheim an. Hier blieb er nicht lange und wechselte 1812 an das Gymnasium in Worms. Er machte den Unterricht sehr interessant und hatte damit Erfolg. So wurde er bereits 1813 als Lehrer an die Musterschule in Frankfurt a. M. berufen. Diese Anstalt wurde von Direktor Gruner im Geiste des Schweizers Pestalozzi geführt. Dieser liebte das Volk besonders aber die Armen und die erziehungsbedürftige Jugend. 1820 wurde er Direktor am neu geschaffenen Lehrerseminar in Mörs. Diesterweg wirkte für die Hebung des Lehrerstandes in geistiger und sozialer Hinsicht. Ihm ging der Ruf des deutschen Pestalozzi voraus und als begnadeter Schriftsteller hatte er etwa 50 Bücher geschrieben und veröffentlichte rund 400 Abhandlungen.

Besonders zu erwähnen war sein Werk „Wegweiser zur Bildung deutscher Lehrer.“ 1840 gab er das „Lehrbuch der mathematischen Geographie und populären Himmelskunde“ heraus. Zu Pestalozzi 100. Geburtstag schrieb er: „Pestalozzi ein Wort für Kinder und deren Eltern“. Aus dem Ertrag von dieser Broschüre wurde ein Grundstück in Pankow gekauft. Hierauf wurde ein Erziehungshaus von 30 Waisenkindern, besonders von Lehrern, gebaut.

Diesterweg forderte mehr Unabhängigkeit für die schulische Erziehung. Die alten Schulen waren Kirchschulen, die neuen Schulen sollten vieles selbstständig entscheiden. Die soziale Stellung des Lehrerstandes wollte er heben. Das bedeutete eine bessere Ausbildung und eine höhere Bezahlung. Er forderte das

Ende der Kinderarbeit und eine acht jährige Schulausbildung für alle. Im 19. Jahrhundert wurde der Name Diesterweg auch polemisch verändert. Den Einfluss der Kirche auf die Schulen bekämpfte er. Die Konfessionsschulen bezeichnete Diesterweg als bornierte Dummheit. Deswegen tönte es bald von den Kanzeln „Düsterweg, wüster Weg“. Die Lehrerverbände konterten, „Diesterweg - dies ist der Weg“.

Diesterwegs Ansichten über Lehrerbildung waren maßgebend. Deswegen sollte er auch 1830 das neu zu errichtende „Seminar für Stadtschulen“ in Berlin übernehmen. Er fühlte sich in Mörs wohl und wollte es nicht verlassen. Er könnte diese Stelle nur annehmen, sagte er dem Minister, wenn sein Gehalt von 400 auf 600 Taler erhöht würde, denn er hatte damals schon acht Kinder. Der Minister bewilligte die Erhöhung. Am 5. Mai 1832 übernahm Diesterweg die Leitung des Berliner Seminars. Unter schwierigen Bedingungen musste er das Seminar einrichten. Diese Seminarübungsschule wurde bald eine Musteranstalt für ganz Berlin und die Kinder der angesehensten Familien wurden ihr zugeführt.

Wie Pestalozzi hatte er ein Herz für die unteren Volksklassen. Wichtig für ihn war die Stellung des Lehrerstandes zu heben. Spätestens mit der Berufung zum Direktor des Lehrerseminars 1832 nach Berlin war aus dem Pädagogen Adolph Diesterweg ein Sozialreformer geworden. 1847 wurde er in den vorläufigen und 1850 in den endgültigen Ruhestand versetzt. In der 1848er Revolution wären bald Diesterwegs Ideen für bessere Staatsverhältnisse durch gekommen. Nun noch zwei Aussprüche von diesem bedeutenden Menschen. Die Freiheit wird einem nicht angeboren, sie wird nicht geschenkt, sie will erarbeitet sein. Der Mensch soll zur Selbstständigkeit im Dienste des Wahren im Guten gebracht werden.

Diesterweg gründete Lehrervereine und konnte somit auf größere Kreise einwirken. An den tiefgehenden politischen Erregungen jener Zeit beteiligte er sich oft und stand inmitten des Streits zwischen Staat, Kirche und Schule. Hierdurch geriet er natürlich in Zwiespalt mit der Behörde. Er bat sie um Niederlegung seines Amtes. Dieses wurde am 23. April 1847 gestattet unter Beibehaltung seiner Bezüge. Aber er sollte seine Tätigkeit nun dem Waisenhaus Pankow widmen. Er sollte aber der jetzigen Behörde weiterhin unterstellt und verbunden bleiben. Ein neues Amt bekäme er zugewiesen, was im Range des alten wäre und man bittet um Zustimmung. Diesterweg trennte sich nicht gerne von seiner Lehrertätigkeit.

Er aber machte weiter und legte auch unbeirrt seine pädagogischen Indressen dar. 1858 wurde er zum Landtagsabgeordneten in Berlin gewählt. Er streitete in vielen

Parlamentsreden gegen den Staatsrat. Doch er konnte es nicht verhindern, dass Ferdinand Stiehl mit drei Erlässen wieder eine Schule der Untertanen etablierte. Trotz Stiehl hatten die vielen Ideen des liberalen Reformers Adolph Diesterweg doch Früchte getragen. Lichtblicke in seinem späteren Leben waren das Fest der Goldenen Hochzeit, sein 75. Geburtstag und die Wiederwahl als Abgeordneter.

Am 27. Juni 1866 starb seine treue Gattin an der Cholera. Er war ihr in ganzer Liebe und Treue zugetan. Ihr Heimgang weihte auch ihn dem Tode. Denn Adolph Diesterweg starb wenige Tage später am 7.7. 1866 auch an der Cholera in Berlin.

Adolph Diesterweg wurde auf dem Kirchfriedhof in Berlin-Schöneberg beigesetzt. Wo die Berliner Lehrerschaft ein Jahr später ein Denkmal für ihn errichteten. Die Grabstätte galt als Ehrengrab des Landes Berlin. Nach ihm wurden viele Schulen, Straßen und Einrichtungen, sogar die Volkssternwarte Adolph Diesterweg in Radebeul, benannt. Die Deutsche Bundespost sowie die Deutsche Post der DDR gaben zum 200. Geburtstag von Diesterweg 1980 eine Sonderbriefmarke heraus. 1882 wurde ihm ein weiteres Denkmal in Mörs und 1890 in seiner Vaterstadt Siegen errichtet. Diesterweg war ein bedeutender und sehr geachteter Mensch und zählte zu den einflussreichsten Volksschulmännern des 19. Jahrhunderts.

Literaturnachweis:

Friedrich Spangenberg: Adolf Diesterweg
Landschaftsverband Rheinland: Friedrich Adolph Diesterweg (1790-1866) Schulpädagoge
Wikipedia: Adolph Diesterweg
Deutschlandfunk: Großer Reformer des preußischen Volkschulwesens Aphorismen.de: Sprüche, Zitate und Gedichte von Adolph Diesterweg

Wilhelm Oechelhäuser war Mitglied des Deutschen Reichstages

Wilhelm Oechelhäuser, einer der bedeutendsten Männer unseres Siegerlandes, wurde am 26. August 1820 in Siegen geboren. Er hatte einen klugen Sinn sowie einen festen Willen und war sehr fleißig. Mit solchen Eigenschaften und vom Glück begünstigt erklomm er Stufe für Stufe die irdische Ehrenleiter. Seinem Verstand ist es zu verdanken, dass er neben der eigentlichen Schaffenskraft in der Industrie, die Volkswirtschaft, die Politik sowie die Literatur mit Erfolg bearbeiten konnte. Die Familie stammte aus Oechelhausen im Siegerland. Der Familienname Oechelhausen, der Vorname war Heinrich und er war Schöffe in Netphen, tauchte erstmals1570 auf.

Bereits mit 14 Jahren verließ er die Schule und ging als Lehrling in die Papier- und Maschinenfabrik seines Vaters. Er wollte rasch selbstständig werden denn seine Familie war groß. Sein Vater Johannes Öechelhäuser hatte 14 Kinder aus zwei Ehen. Er hatte sich große Fachkenntnisse in seiner väterlichen Fabrik erworben. Diese Kenntnisse ergänzte er in dem einjährigen, freiwilligen Militärdienst in der Uni Königsberg. Auch reiste er viel umher und sein Wissen wurde reicher. So bekam er schon als Vierundzwanzigjähriger 1844/45 vom preußischen Finanzministerium die ehrenvolle Aufgabe Frankreich und England zum Studium der dortigen Papierindustrie zu besuchen.

In der Wirtschaftskrise ging die Oechelhäuser Geschäftsgründung unter. Dies veranlasste ihn seine Heimat zu verlassen, um sich einen neuen Wirkungskreis zu suchen. Berlin, wohin er sich zunächst wandte und dann nach Österreich, erfüllten beide seine Hoffnungen nicht. Es zog ihn nun nach Frankfurt a. M., dem damaligen Zentralsitz des deutschen politischen Lebens. Durch eine wunderbare Empfehlung an den Reichsminister des Handels wurde er 1848 zum Reichsminister-Assessor ernannt. Oechelhäuser benutzte seine Freiheit sich in der Volkswirtschaftslehre und der Handelspolitik zu bilden. Im Sommer 1849 besuchte er im Auftrage des Reichsministeriums die Ausstellung in Paris.

1850 im Januar schickte ihn die preußische Regierung in die Schweiz. Mit Geschick legte er das Gesamtergebnis seiner Beobachtungen in drei Denkschriften nieder. Im November 1850 brach der Krieg zwischen Preußen und Österreich aus, welcher in der Ölmütz für Preußen ein schreckliches Ende fand. Oechelhäuser ging als Landwehroffizier in die Armee. Er erhielt aber sehr schnell seine Dienstentlassung.

Mitglied der Zollvereinskomission wurde Oechelhäuser 1851 bei der ersten Londoner Weltausstellung. Zum Bürgermeister von Mühlheim an der Ruhr wurde er 1852 gewählt. Es konnte seine Lebensstellung werden aber nach 4,5 Jahren gab er den Posten auf. Er hatte sich in Mühlheim große Verdienste erworben, besonders um das Beleuchtungswesen, was schnell überall großes Interesse fand. Der damalige erste Direktor der deutschen Continental-Gas-Gesellschaft hatte Oechelhäuser als eine hervorragende Persönlichkeit kennengelernt. Er bot ihm als 3. Direktor die Stelle in der Gasgesellschaft an, die er im August 1856 annahm.

Am 1. Januar 1857 wurde er zum alleinigen Direktor der Gesellschaft gewählt. Im März 1858 wurde er zum Generaldirektor bestellt und in dieser Position blieb er bis zum Dezember 1889. Was er in dieser Zeit für die Dessauer Gasgesellschaft geleistet hatte ist bemerkenswert. Bereits 1888 begann man auch Gasmotore zu entwickeln. Für diesen Zweck holte man Hugo Jungers in das Konstruktionsbüro. Er hatte der Gesellschaft in technischer und administrativer Hinsicht zur allgemeinen Bedeutung verholfen. Nach den ersten mühevollen Jahren kamen auch ruhigere Jahre. Diese Zeit nutzte der Nimmermüde um seine persönlichen Neigungen mehr als bisher zu folgen.

Oechelhäuser widmete sich nun seiner Lieblingslektüre Shakespeare. Sein Besuch in England 1844/45, seine englische Sprache sowie seine künstlerische Neigung haben die Begeisterung für den Engländer noch begünstigt. Zum 300. Geburtstag von Shakespeare gründete er mit großer Unterstützung von seinen Freunden Dingelstedt, R. v. Gottschall, A. v. Brockhaus, H. Markgraf und weitere die Shakespeare-Gesellschaft. Zwölf Jahre war er Präsident dieser Gesellschaft. Ein Lieblingswunsch seiner letzten Lebensjahre war der Bau eines Shakespeardenkmals in Weimar. Leider konnte er die Enthüllung dieses Denkmales, im Jahre 1904, nicht mehr erleben.

Mit gleichem Eifer ging Oechelhäuser auch in die Politik. Ab 1878 war er Mitglied des preußischen Abgeordnetenhauses für die Kreise Mühlheim (Ruhr) und Rees gewesen. Er schloss sich als Parlamentarier der nationalliberalen Partei an und blieb ihr bis zu seinem Lebensende treu. Sein Reichtagsmandat behielt er ununterbrochen bis zum Jahre 1893. In dieser Zeit hatte er einflussreiche Tätigkeiten in das deutsche Parlament einfließen lassen. Besonders sind zu erwähnen seine rastlosen Bemühungen auf dem sozialpolitischem Gebiet, die eine Durchführung der Kaiserlichen Botschaft vom 4. Februar 1890 erreichten. Als Mahner des Großbürgertums sowie der Großindustrie hatte er dazu beigetragen, dass Arbeiterausschusse und Hilskassen gebildet worden sind, die in ganz Deutschland und darüber hinaus Anklang fanden. Die Reform des Aktienrechts und das neue GmbH Gesetz gingen auf seine Initiative zurück.

Oechelhäuser war Mitschöpfer und Mitglied der Deutsch-Afrikanischen Gesellschaft, sowie Mitglied einiger Plantagengesellschaften. Eine Plantage legte er in Kamerun an. Große Bemühungen auf dem Kolonialen Gebiet war die Schaffung einer ostafrikanischen Zentraleisenbahn. Nach langen Kämpfen im Reichstag wurde die erste Stecke im Jahre 1904 genehmigt.

Es ist nicht verwunderlich, dass so ein Mann der mit wunderbaren Geistesgaben ausgestattet war und sein Wissen und Können meist noch mit Erfolg fast überall durchsetzte mit Ehrungen überhäuft wurde. Zum geheimen Kommerzienrat wurde er 1874 ernannt. Von der Stadt Dessau bekam er 1881 die Ehrenbürgerrechte. 1883 erhielt er vom Herzog von Anhalt den erblichen Adel, den er für seine beiden Söhne annahm, er für seine Person verzichtete aber darauf. Von der Uni Erlangen wurde er 1893 zum Ehrendoktor ernannt. Aber auch viele hohe Orden erhielt Wilhelm Oechelhäuser.

Wilhelm Oechelhäuser war, wie sein Vater und Bruder, ein aktiver Freimaurer. Er bekleidete das Amt des Meister vom Stuhl in der Dessauer Loge Esiko zum aufgehenden Licht. Viele berühmte Männer waren Freimaurer, z. B. Herder, Goethe, Fichte, Mozart, Haydn. Auch viele Fürsten und Staatsmänner gehörten dazu.

„Geradeaus das ist Westfalenbrauch", diesen Heimatspruch aus dem Westfalenlied hatte Oechelhäuser zur Richtschnur seines Lebens gemacht. Stets hatte er sich zu seiner Heimat dem Siegerlande bekannt und besuchte es so oft wie möglich. Sein arbeits- und erfolgreiches Leben endete am 25. September 1902 an den Folgen einer Lungenentzündung in seiner Villa Belmonte zu Niederwalluf im Rheingau. Seine Ehefrau Emma, geb. Reinbach, war ihm bereits am 4. April 1876 im Tode vorangegangen.

Literaturnachweis:

Eugen Lennhoff u. A.: Internationales Freimauerlexikon
Wilhelm Klebe: Wilhelm Oechelhäuser
Justus Wilhelm von Ochelhäuser: Verbindung von Gas- und Elektrizitätswirtschaft
Shakespeare Album: Wilhelm Oechelhäuser
Wikipedia: Wilhelm Oechelhäuser
F. A. Brockhaus: Der Volksbrockhaus

7. Etwas Neues aber auch Unschönes

Mit Kränzen und Wimpeln war das Dampfross geschmückt

Es war im Jahre 1856 und Heinrich lief von der Haardt zu Gattwinkels in Fickenhütten um für seinen Vater einen Hering zu holen. Als Henner kurze Zeit später seinem Vater den Hering auf den Tisch legte sagte dieser: „Du schnaufst ja wie ein Vorspannpferd an der Kalteiche. Waren sie hinter dir her gewesen?" Nein es war keiner hinter mir her gewesen. Da Gattwinkels Mutter erst den Hering im Keller holen musste, sollte ich so lange in die Wirtsstube gehen.

Hier saßen viele Fuhrleute und qualmten dass ich husten musste. Einer sagte die Eisenbahn sollte durchs Siegerland gebaut werden. Der lange Hick schlug mit der Faust auf den Tisch und schrie: „Kein ehrlicher Fuhrmann sollte einen Stein zum Bahnbau fahren." Ein Rothaariger erwiderte bei der Bahn könne der Fuhrmann Geld verdienen, denn die bezahlten besser. „Kein ehrlicher Fuhrmann sollte ihnen ein Stein fahren" rief der Lange noch einmal „Wenn sie erst läuft, wird sie uns alle vom Brot bringen."

Vater stimmt es, dass bei uns die Eisenbahn gebaut werden soll? Ja, Henner im Blättchen las ich, dass sogar zwei Bahnen gebaut werden sollen. Die Köln-Mindener Eisenbahngesellschaft wollte eine Bahn von Köln nach Siegen bauen. Die Bergisch-Märkische Gesellschaft wollte Siegen mit der Ruhr verbinden. Danach würde Siegen wohl zwei Bahnhöfe bekommen.

Hinter dem Ofen hörte man nun Großmutters Stimme: „Ist es denn möglich, die Eisenbahn soll durch Siegen fahren? Wenn die Wagen erst mal ohne Pferde fahren, dann geht die Welt unter." Da schon einige Eisenbahnen in Deutschland fahren, müsste sie schon längst untergegangen sein. Vor 20 Jahren schrieben gelehrte Menschen in München das Menschen durch die schnelle Bewegung der Bahn gehirnkrank würden. Ja, nur beim Anblick des dahin sausenden Zuges würden alle geck im Kopf. Heute lacht man darüber, damals wollten einige auch den Bahnkörber mit fünf Meter hohe Bretter einzäunen.

Wenn die Bahn kommt setzest du dich auch hinein Großmutter. Niemals, sollte es denn immer noch schneller gehen in der Welt? Als junger Bursche hatte seinerzeit Ficks Mannes bei der Garde in Berlin unserem König gedient. Als er Urlaub bekam marschierte er sechs Wochen von Berlin nach Geisweid. Waren seine acht Tage Urlaub vorüber, marschierte er sechs Wochen wieder nach Berlin zurück. Vier Pferde hatte die Schnellpost nach Köln und wer mehr Zeit hatte und nicht so waghalsig war fuhr mit der gewöhnlichen Post. Sie fuhr zweimal am Tag nach Köln. Aber auch nach Hilchenbach, Burbach, Netphen, Koblenz und Gießen konnte man mit der Post von hier fahren.

„Vadder" fragte Henner, „stimmt es, dass alle Fuhrleute brotlos würden und die Pferde verkaufen müssten wenn die Bahn fährt? Und die Wirtsleute könnten dann auch einpacken, denn dann ginge kein Fuhrmann mehr in die Kneipe sagte man bei Gattwinkels:" Das ist dummes Gerede. Wie manchmal mussten unsere Hütten feiern, weil die Holzkohle fehlte. Teurer würde die Steinkohle wenn die Fuhrleute sie in der Karre an der Ruhr holen müssten. Es würde besser und billiger wenn der Dampfwagen die Kohle holen würde. Auch unsere Eisenwaren könnten wir dann schneller und billiger mit der Bahn verkaufen. Wir werden es bestimmt noch erleben, dass neue Eisenwerke im Siegerland an den Bahnschienen gebaut werden. Der Fuhrmann wird durch neue Fabriken wieder Arbeit bekommen. Er wird sein Brot bestimmt nicht verlieren. Die Pferde würden es aber besser haben, denn sie brauchten nicht mehr die schweren Wagen über das Kölsche Heck und über die Kalteiche zu ziehen.

Die Pferde hatten mir heute Abend leid getan. Ich sah wie sie in den Stall bei Gattwinkels geführt wurden. Sie hatten Striemen auf dem Rücken und als man ihnen das Geschirr abnahm sah ich hässliche Wunden.

Es war im August des Jahres 1861 und Stählers Henner, der inzwischen fünf Jahre älter geworden war, saß hinterm Haus. Da rief ihn sein Freund Göbels Fritz aus Müßnershütten, Henner übermorgen fährt der neue Eisenbahnzug zum ersten mal ich fahre mit. So, meinte der Henner mit saurem Gesicht. Du kannst auch mit, musst nur den Sonntagsanzug anziehen lachte Fritz. Die beiden Freunde versprachen, dass sie das große Ereignis mitfeiern wollten.

Eine Schar mutiger Männer ging am 5. August 1861 am Vormittag von den Hütten nach Siegen. Sie wollten die Fahrt mit dem Dampfross wagen. Vorne vorweg die beiden Jungs Henner und Fritz. Der Kuckuk, die erste Lokomotive der Kölner Strecke hatte schon Gäste für die Fahrt mitgebracht. Übrigens war die Strecke Siegen-Köln am 10. Januar 1861 in Betrieb gegangen. Bereits zuvor am 28. Dezember 1860 war die erste Lokomotive aus Betzdorf kommend in Siegen eingetroffen. Der Zug von der Bergisch-Märkischen Gesellschaft stand schon unter Dampf. Das Feuerross, welches mit Kränzen und Wimpeln geschmückt war sah aus wie ein Ungeheuer aus dem dicker Qualm kam.

Ein heller Pfiff kam aus dem Ungetüm und die Leute nahmen in den Wagen Platz. Einige lachten aber die meisten machten ein ernstes Gesicht. Hurra, schrie die Menge als der Zug sich fauchend und schnaufend in Bewegung setzte. Sie winkten mit Taschentüchern und schwenkten ihre Kappen. Überall waren die Häuser, wo man vorbei fuhr, mit Fahnen und Kränzen geschmückt. Eine große Zuschauermenge hatte sich auf dem Bahnhof in Kreuztal eingefunden. Selbst Lehrer mit ihren Schulkindern waren anwesend und alles brach in Jubel aus als das Dampfross ankam.

Keinen Halt gab es in Krombach und Littfeld, denn hier waren noch keine Haltestellen eingerichtet. Der Zug fuhr nun mit grellem Pfiff in den Berg hinein. Die beiden Jungs bekamen einen Schreck und zogen ihre Nasen aus dem Fenster zurück. Es war plötzlich dunkel. Nur das Fauchen von der Lock und das Rattern der Wagen hörte man. Sie verzogen ihre Gesichter zum Lachen, als das Tageslicht wieder kam, denn sie wollten nicht zeigen wie erschrocken sie gewesen waren.

In Finnentrop hielt der Zug an und die Gäste wurden willkommen geheißen. Sie wurden in den Wartesaal eingeladen, wo gutes Essen auf sie wartete. Wir blieben draußen und hörten Reden und Gläserklingen, denn wir gehörten nicht zu den geladenen Gästen. Als man langsam zur Rückfahrt einstieg, rief Herr Göbel dem Henner zu „Jong mach awer dat de och bett kömmst!" In den Wagen ging es froh und heiter zu und jeder meinte, dass das Fahren in der Eisenbahn eine lustige Sache sei.

In der Nähe von Grevenbrück begannen die Waggons plötzlich zu wackeln. Die ängstlichen Mitreisenden wurden vom Personal beruhigt. Noch ein kräftiges Schütteln und die Wagen lagen am Bahndamm. Die Fahrgäste kamen glücklicherweise alle mit dem Schrecken davon, nur einige hatten leichte Verletzungen. Mit großem Aufwand wurde ein neuer Zug zusammen gestellt. Die Fahrt ging nicht mehr heiter der Heimat zu. Der Telegraf hatte die Nachricht von dem Unfall ins Siegerland gemeldet. Aufgeregt strömten die Angehörigen von den Fahrgästen zum Siegener Bahnhof. Auch Henners Großeltern und Schwestern warteten ungeduldig auf ihren Jungen. Freudentränen flossen als spät abends der Zug kam. Henner gelobte nie wieder in einem Eisenbahnzug zu fahren. Er war nicht der Einzige der so sprach.

Literaturnachweis:

Herbert Engelbert – Hinterhüttische Chronik
Hermann Freudenberg – Als der erste Dampfwagen durchs Siegerland fuhr
Adolf Müller – Meilensteine aus der Siegerländer Vergangenheit
Hermann Gaumann – Das Verkehrswesen
Adolf Müller – Postkutschen - und Dampflockzeit im Siegerland

Warnung vor einer Heuschreckenplage fürs Siegerland

Zu den zehn biblischen Plagen gehörte die Heuschrecke. Wie heißt es doch im 2. Buch Mose Kapitel 10 Vers 12. Da sprach der Herr zu Mose: „Recke deine Hand über Ägyptenland, dass Heuschrecken auf Ägyptenland kommen und fressen alles Kraut im Lande auf samt allem dem, was der Hagel übriggelassen hat.“

Die Deutung der zahlreichen Heuschreckenplagen als Strafgericht Gottes oder als Vorzeichen auf das Jüngste Gericht lag durch die zahlreichen Bezugsquellen der Bibel nahe. Die Ursachen für das Auftreten von Heuschreckenplagen sind bis heute nicht richtig geklärt. Klima- und Witterungsfaktoren dürften jedoch dafür mitverantwortlich sein.

Regelmäßig fielen über Afrikas Felder und Weiden Heuschreckenschwärme in einer Größenordnung von Milliarden Tieren, die unzählige Menschen in Hunger und Elend stürzten. Sobald es regnete und das Gras sprießte vermehrten sich diese Tiere explosionsartig. Waren sie erwachsen, kannten sie nur die Ziele fressen und Eier legen. Ihr Appetit und ihre Geschwindigkeit waren unheimlich. Ein Schwarm von einer Milliarden Tieren vertilgte täglich 2000 Tonnen Futter und flog noch am Tag dazu bis 100 km weit. Etwa ihr eigenes Körpergewicht vertilgten die Heuschrecken an pflanzlichem Material am Tag.

Nicht nur in Afrika, sondern auch in allen anderen Kontinenten, mit Ausnahme der Antarktis, gibt es auch heute noch Heuschreckenplagen. Am hellen Tag verdunkelte sich der Himmel und eine surrende Wolke schob sich vor die Sonne. Es waren Wanderheuschrecken, die in einem bis zu 15 km langen Schwarm heran kamen. Wo diese sich nieder ließen wurden die Menschen, es geschah meistens in armen, warmen Gegenden, in sehr große Not gestürzt. Wanderheuschrecken bezeichnet man diese Arten, die aus der Familie der Feldheuschrecken stammten. Heute bekämpft man sie durch Kontaktgifte vom Flugzeug aus.

So wurde die russische Republik Dagestan 2017 von einer Heuschreckenplage biblischen Ausmaßes heimgesucht. Dabei mussten die Behörden den Ausnahmezustand ausrufen, obwohl sie es schon einen Monat vorher wegen eines anderen Schwarmes getan hatten. Eine derartige Heuschreckenplage war für Dagestan nichts Neues. Die Region, die östlich von Georgien am kaspischen Meer liegt, wurde jedes Jahr von den gefräßigen Insekten heimgesucht. Scheinbar war das warme, trockene Ackerland für diese Tiere ein perfekter Futterplatz und eine ideale Brutstätte.

Etliche afrikanische Staaten wurden regelmäßig von dieser biblischen Plage heimgesucht. Es war die achte der zehn Plagen im Alten Testament. Diese Heuschreckenschwärme, sagte einmal ein Vertreter der Vereinten Nationen, waren für die afrikanischen Länder so schlimm wie ein Krieg.

Es war Anno 1749 und Maria Theresia war unter anderem auch Kaiserin des Römischen Reiches. Da fielen gewaltige Heuschreckenschwärme in Österreich ein und es wurde ganz dunkel, weil man die Sonne nicht mehr sehen konnte. Diese Insekten fraßen die Felder ganz kahl und ließen kein bisschen von der Frucht übrig. Da ging ein Pfarrer, der die Kaiserin gut kannte, nach ihr und bat um Hilfe beim Kampf gegen die Heuschrecken. Theresia hatte Verständnis mit der armen Bevölkerung und befahl Reitertruppen den Pfarrer zu unterstützen. Mit Trommeln und Trompeten zogen sie in den Schwarm und machten so viel Lärm und Radau wie möglich. Zusätzlich schossen sie noch öfters in die Luft um die Heuschrecken zu vertreiben. Es dauerte eine ganze Weile bis es geschafft war. Die Heuschrecken waren vertrieben und die kaiserlichen Reiter traten den Rückzug an.

Man schrieb das Jahr 1749, welches vom Frieden geprägt war. Aber am 5. Oktober in diesem Jahr wurde vor den Kirchen im Siegerland die zuverlässige Nachricht verlesen, dass das Ungeziefer die landverderblichen Heuschrecken seit geraumer Zeit im Heiligen Römischen Reich zu Hause wären. Der Friedhof, der um die Kirche lag, war seinerzeit der Sammel- und Nachrichtenplatz für das Volk. Diese Nachricht stand auch in allen Blättern und Zeitungen und war somit zuverlässig. Überall wo sich die Heuschrecken niedergelassen hatten, waren die Feldfrüchte komplett abgefressen und die Tiere hatten somit unersetzlichen Schaden angerichtet. Da das Ungeziefer von den Fürstlichen Landen Nassau noch weit entfernt war, hoffte man, dass die kalte Witterung sehr bald käme und die Heuschrecken vernichtet würden. Trotzdem musste Vorsorge getroffen werden und alles Menschliche getan werden um das Unheil zu vermeiden.

Also wurde im Namen seiner Hoheit folgendes verordnet. Alle Untertanen müssen Ihre Früchte und das Grummet, soweit es noch nicht geschehen war, sofort von Feld und Wiesen hinweg schaffen. Weiterhin sollten die Brunnen abgedeckt werden. Sollte sich dieses Ungeziefer in unser Fürstentum einfinden, war sofort ohne Zeitverlust alles zu tun, um diese Plage zu vernichten.

Diese Verordnung war in allen Angelegenheiten zu befolgen und mit dem größten Regierungssiegel bekräftigt worden. Unterzeichnet: „Dillenburg am 23 fbris 1749. Fürstl.-Oranien Nassauische zur Landesregierung Verordnete geheime Räthe, geheime Justiz- und Regierungsräthe“.

Es sollte mit grobem Sand auf die Plagetiere geschossen werden. Mit Dreschflegeln und anderen Instrumenten drauf geschlagen werden. Mit Glockengeläut, Trommeln und sonstigen Getön sollten sie verjagt werden. Was getötet und erschlagen war, musste sofort verscharrt werden. Aber auch wo diese Heuschrecken in ihrer großen Zahl gesessen und Samen (Eier) hinterlassen hatten, musste umgeackert werden, damit dieses Ungeziefer sich nicht in kurzer Zeit wieder neu entwickelte. Aber auch durch Feuer wurde diese Plage vernichtet und verjagt.

Wenn sich in einem anderen Ort diese Heuschreckenschwärme nieder ließen, musste sofort von den Nachbarorten Hilfe geleistet werden. Die Glocken sollten unaufhörlich geläutet werden. Mit Flegeln, Besen, Schaufeln und ungelöschtem Kalk sollten sie zur Hilfe kommen. Es sollten tiefe Gruben gegraben werden worin die toten Heuschrecken eingeschaufelt wurden. Ehe die Gräben zugemacht würden, mussten die Tiere mit ungelöschtem Kalk bestreut werden. Jede männliche Person hatte diese Verordnung sofort genau zu befolgen.

Gott hatte uns in Gnaden bisher vor dieser Heimsuchung bewahret und wolle auch ferner seine Hand über uns halten.

Literaturnachweis:

Genilo: Hilfe, die Plagen kommen!
Hermann Engelbert: Hinterhüttische Chronik
Von Kindelsberg und Martinshardt: Obrigkeitige Verfügung über anrückende Heuschrecken (1749)
sagen.at : Die Heuschreckenplage des Jahres 1749
Wikipedia : Wanderheuschrecke
Universität Erfurt: Die Heuschreckenplage in Mitteleuropa
Motherboard: Ein gewaltiger Heuschrecken-Sturm fegt gerade durch Russland

Die Pest im Krombacher Kirchspiel

„Der dreißigjährige Krieg dauerte nun schon etliche Jahre und es sah immer noch nach keinem Ende aus. In Ferndorf hatten die Kaiserlichen zwei Soldaten erschossen. Den Müsener hatte man das Vieh aus den Ställen getrieben. Jost Bender, der es zurück holen wollte, wurde dabei erschossen.“ Dies alles sagte Peter Dahm seinem Nachbar Hannes Meußborn. „Aber das Schrecklichste, bei all den Kriegsgefahren, ist die Pest. Weißt du noch, als vor zwei Jahren ein Geselle, der das Löherhandwerk betrieb, die schwarze Pest aus Hachenburg nach Ernsdorf brachte? Im Kirchspiel Ferndorf starben die Menschen seinerzeit wie Fliegen. Uns hatte damals der Herrgott verschont. Aber nun redete man, dass bei uns im Kirchspiel die Pest Einzug gehalten hätte. Das wird doch hoffentlich nicht wahr.“

Am 30. Dezember 1621 starb der Ferndorfer Pfarrer Georg Stoever einen schnellen Tod an der geschwinden Seuche der Pest. Man hatte für den Verstorbenen keinen Platz mehr auf dem Totenhof gefunden. So hatte man ihn auf sein Eigentum, wie andern Ortes auch üblich, am 3. Januar 1622 beigesetzt.

„Möge Gott uns doch vor Pestilenz und dem Tod bewahren.“ Fuhrs Johann war in Littfeld ein Kind gestorben und seine Frau und er lagen schon auf dem Totenbett. Auch zwei weitere Kinder von ihm waren schon erkrankt. Auf der Straße heulten die Littfelder laut und sagten es wäre die Pest. Peter Dahm kam gerade von da und hatte das Elend gesehen. Auch in Hilchenbach wütete seinerzeit gnadenlos die Pest. So starben am 19. Januar 1635 die ersten zwei Personen an der Seuche. Der schwarze Tod breitete sich im Kirchspiel Hilchenbach sehr schnell aus. So starben bis zum 16. Januar 1636 noch 393 Personen. Ob sie alle an der Seuche verstarben, ließ sich nicht mehr feststellen.

„Wenn es uns packte half nichts mehr, dann wären wir verloren, denn wir waren in dieser schlechten Zeit gar nicht mehr widerstandsfähig. Nachbar gib nicht gleich die Hoffnung auf. Es wäre ja möglich, dass die Krankheit nicht weiter um sich griff. Ich wollte heute Mittag zur Guckuckschen nach Kredenbach und mich von ihr beraten lassen, dass die Pest an mir und meiner Familie vorbei ginge.“ Guckucksche war der Volksname einer Frau die heilende Kräfte besessen haben sollte. „Da hilft nur Beten bei diesem Teufelswerk, damit die Seele nicht verloren ginge.“ Ich ging nicht mit. Hannes ging schnell nach Hause um die Schreckensbotschaft zu verkünden.

Peter Dahm nahm seinen Eichenstock und sagte seiner Frau er hätte in Kredenbach etwas zu besorgen. Er ging eilig zur Guckuckschen nach Kredenbach, der man Hexenkünste zutraute. Er grüßte die Guckucksche und sie sagte: „Sie hätte ihn schon erwartet. Peter, willst du einen Trunk oder ein Sprüchlein gegen die Pest? Dich wird es nicht erwischen aber deine Kinder alle, da half kein Spruch und kein Trunk mehr.“ „Ist das wahr Guckucksche,“ schrie Peter laut? „Ich sah es ganz klar mein Spruch ist wahr. Vier Leichen sah ich auf einem Karren und keiner wollte ins Grab sie scharren.“ Hier hast du drei Thaler, es ist alles was ich bei mir habe und helfe mir gegen die Pest. „Einen nehme ich, die anderen werfe in den Opferkasten. Ich konnte dir nicht helfen ich sah nur voraus. Es halfen kein Segen, kein Wort und kein Weg die anderen waren mir zu stark. Schreie zu Gott aber der hatte seinen Plan schon fertig.“

Die oben erwähnte Guckucksche, der man angeblich magische Kräfte voraussagte, war Barbara, Peter Stoevers Seelig hinterlassene Witwe zu Kredenbach. Sie wurde am 1. März 1653 in Hilchenbach in einem Hexenprozess verurteilt um verbrannt zu werden. Der Rat der Stadt Hilchenbach hatte am 25. Mai 2011 die sozialethische Rehabilitation, der unschuldig hingerichteten Personen in den Hexenprozessen, so auch Barbara Stoevers von Kredenbach die Guckucksche, beschlossen.

Wie erschlagen ging Peter nach Burgholdinghausen zurück. „Herr Gott rief er immer vor sich hin erhalte mir doch eins.“ Da schallte es zurück – „keins.“ Er eilte wie benommen nach Hause wo sein Töchterchen Margreth schon krank war. „Wo warst du denn gewesen mein Kind?“ „Nur in Littfeld, da fuhren sie ein Kind auf einer Karre und warfen Erde drauf.“

Peter wusste Bescheid und saß sprachlos da, während seine Frau sorgenvoll im Haus hin und her ging. Nur noch wenige Tage lebte das Kind und es kamen immer wieder neue Todesnachrichten aus dem Kirchspiel. Peter Dahm hörte gar nicht mehr zu was man ihm erzählte es war ihm alles egal. Nach dem sein Töchterchen gestorben war, hatte man einen Tag später Johann Fuhr und seine Frau begraben und dann noch zwei ihrer Töchter. Der Nachbar von Peter Dahm, Johannes Holdinghausen, starb einen Tag später an der Pest. Es folgten Martin Happel aus Littfeld und sein Weib. Der schwarze Tod schritt immer schneller voran. Wollte es denn kein Ende nehmen? Im September starben noch fünfzig im Kirchspiel und im Oktober waren es über siebzig. Nun ging die Seuche langsam zurück, nachdem ganze Familien ausgestorben waren. Peter Dahm musste mit ansehen wie ein Kind nach dem anderen von ihm dahin gerafft wurde. Es half nichts sich zu wehren, denn es war ja alles schon vorher bestimmt. Sein Blick war starr geworden. „Herr gib mir Kraft und lass mich's ertragen stöhnte er immer wieder, dass wir nicht verzweifelten gib mir und meinem Weibe deinen Trost.“ Johannes Meußborn hatte auch erleben müssen wie ihm zwei Söhne und eine Tochter starben. Dann packte es ihn selbst und die Pest riss ihn ins Grab.

Die Pest forderte während des dreißigjährigen Krieges, die 1635 im Kirchspiel Krombach ausgebrochen war, von den Littfeldern 47 Prozent und von den Holdinghausener 66 Prozent der Bevölkerung. Aus Krombach und den anderen Orten des Kirchspiels, welche so hart von der Pest getroffen waren, wurden immer wieder Karren mit Leichen hinaus zu den Friedhöfen gefahren. Ganze Häuser wurden leer und niemand wollte sie beziehen. Langsam zerfielen sie und Unkraut umwucherte sie. Der spätere Geröllhaufen war ein Zeichen, dass hier einmal ein Wohnhaus gestanden hatte, dessen Bewohner der Pest zum Opfer gefallen waren.

Literaturnachweis:

Reinhard Gämlich : Archiv der Stadt Hilchenbach
Dr. Lothar Irle : Der schwarze Tod im Kirchspiel Krombach
Die Pest wütet : Von Kindelsberg und Martinshardt
Wikipedia : Littfeld
Hermann Engelbert : Hinterhüttische Chronik

Printed by Books on Demand GmbH, Norderstedt / Germany